HISTÓRIA GERAL EM DOCUMENTOS

ROMA

Vida pública e vida privada

PEDRO PAULO ABREU FUNARI

11ª EDIÇÃO

Coordenação:
Marly Rodrigues
Maria Helena Simões Paes

Conforme a nova ortografia

ATUAL EDITORA

SARAIVA S.A. Livreiros Editores
Rua Henrique Schaumann, 270 — Pinheiros
05413-010 — São Paulo — SP
Fone: (0xx11) 3613-3000
Fax: (0xx11) 3611-3308 — Fax vendas: (0xx11) 3611-3268
www.editorasaraiva.com.br

Dados Internacionais de Catalogação na Publicação (CIP)
(Câmara Brasileira do Livro, SP, Brasil)

Funari, Pedro Paulo Abreu
Roma: vida pública e vida privada / Pedro Paulo Abreu Funari ; coordenação Marly Rodrigues, Maria Helena Simões Paes. — São Paulo : Atual, 1993. — (História Geral em Documentos)

Inclui roteiro de leitura.
Bibliografia.
ISBN 978-85-7056-581-5

1. Roma — Civilização 2. Roma — História I. Rodrigues, Marly. II. Paes, Maria Helena Simões. III. Título. IV. Série.

93-2898 CDD-937

Índices para catálogo sistemático:

1. Roma antiga: Civilização 937
2. Roma antiga: História 937

Coleção **História Geral em Documentos**

Editor: Henrique Félix
Gerente de editoração: Bárbara Ferreira Arena
Assistentes editoriais: Maria Sylvia Corrêa/Shirley Gomes
Preparação de texto: Célia Tavares
Revisão: Pedro Cunha Jr. e Lilian Semenichin (coords.)
Chefe de arte: Tania Ferreira de Abreu
Diagramação: Marcos Puntel de Oliveira
Produção gráfica: Antonio Cabello Q. Filho/Silvia Regina E. Almeida
José Rogerio L. de Simone/Maurício T. de Moraes
Projeto gráfico de capa: Cláudia Scatamacchia
Projeto gráfico: Ethel Santaella
Capa: Paulo Mauzi — Adaptação da pintura mural do
Anfiteatro de Pompeia. Museu Nacional Arqueológico, Nápoles.
Composição: Graphbox
Fotolito: Binhos/STAP
Imprssão e acabamento: Log&Print Gráfica, Dados Variáveis e Logística S.A.
OP: 288180

11ª edição / 1ª tiragem
2025

Visite nosso *site*: www.atualeditora.com.br
Central de atendimento ao professor:
0800-0117875

Agradeço a Raquel dos Santos Funari,
Norberto Luiz Guarinello e Robin Birley
a leitura do manuscrito, as sugestões
ou o acesso a materiais aqui utilizados.

Para o Daniel

Nota do Editor: Via de regra, os documentos escritos foram traduzidos do original, em latim ou grego, diretamente pelo autor. A qualidade de reprodução fotográfica de alguns documentos ficou comprometida pela antiguidade das fontes.

SUMÁRIO

Parte I

Parte II

Apêndice

PARTE I

Roma, essa desconhecida

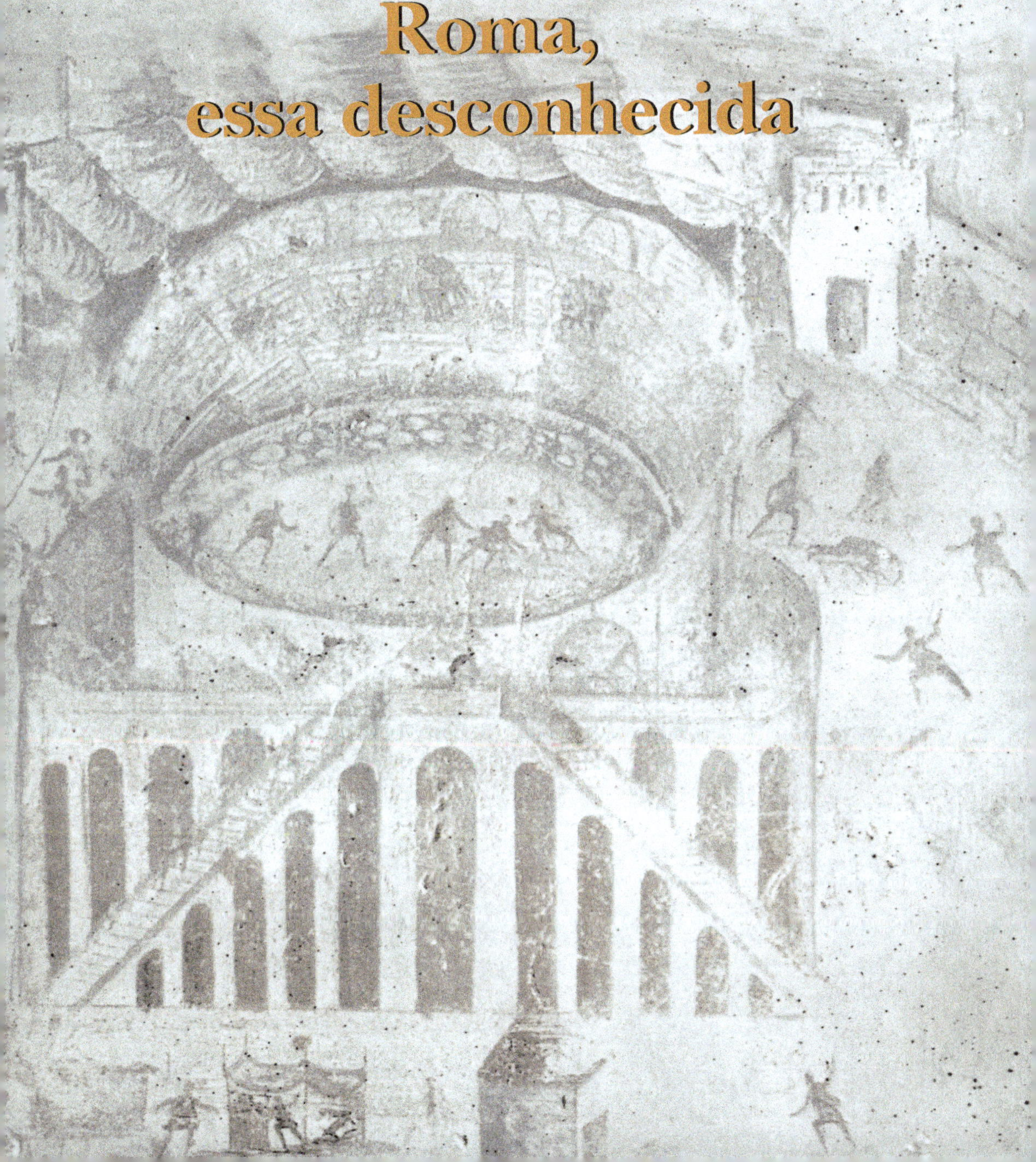

A ideia que temos de Roma

Quando se fala de Roma antiga tem-se, em geral, uma sensação um tanto contraditória, como se se tratasse de algo muito conhecido mas, ao mesmo tempo, distante, nebuloso e, por que não, obscuro. Quem não conhece os romanos, inimigos dos gauleses de Asterix e Obelix? Quem nunca assistiu a um filme que se passasse na Roma antiga, quem não torceu por essa ou aquela biga, quem não se espantou com a luta de gladiadores*? Tudo isso, para não mencionar os legionários romanos, em carne e osso, que sempre vemos nas representações da Crucificação, na Sexta-Feira Santa.

Vemos tantas vezes a figura de Pôncio Pilatos na Semana Santa que já o tomamos pelo típico romano. Mas que ideia temos do romano? E de onde ela vem? Não é difícil lembrar, além dos filmes e das cerimônias da Igreja, aquilo que aprendemos nos livros didáticos. Na escola, além de uma lista interminável de acontecimentos importantes (mas muitas vezes chatos), aprendemos que os romanos eram camponeses xucros, ao menos em comparação com os gregos. Em *Asterix*, o romano nos é mostrado como alguém que é enganado com facilidade, paspalhão pouco refinado e propenso à violência e até à crueldade. Diz-se que, talvez como solução para sua inteligência curta e para sua falta de imaginação criativa, o romano tenha se aperfeiçoado na guerra. Graças às armas, os romanos teriam dominado muitos povos, como os gauleses de

---

* As palavras com asterisco são definidas no vocabulário, no final do livro.

Asterix e os judeus da Palestina, à época de Jesus. Sedentos de sangue, crucificavam criminosos, escravizavam os conquistados dos divertiam-se com as lutas até a morte.

Após esse desfiar de concepções bem conhecidas e, em grande parte, por nós aceitas sem muita reflexão a respeito, surge, por outro lado, uma certa sensação de incerteza, de dúvida sobre nossas próprias ideias. Seriam os romanos assim mesmo? Seriam tão cruéis? E por quê? Sendo tão incultos, como tantos povos adotaram sua cultura, sua língua? Teria sido apenas pela força? Já que falamos uma língua derivada do latim*, o português, e que nossas leis baseiam-se, diretamente, nas leis romanas, seríamos também xucros e violentos? Nesse momento, percebemos que nossas ideias começam a embaralhar. Então não há quem não lembre da enigmática expressão "Quem tem boca vai a Roma". Vai a Roma para quê? Por quê?

Isso nos leva a outras tantas lembranças. Por exemplo à de muitos ditados que usamos no dia a dia e que não passam de traduções de provérbios latinos: "Gosto não se discute" (*De gustibus non est disputandum*), "Quem com ferro fere com ferro será ferido" (*Qui gladio ferit gladio perit*) e até mesmo "Em terra de cego, caolho é rei" (*Beati monoculi in regno caecorum*)... Por que há tantas reminiscências relativas a romanos, se eram tão incultos?

Chegamos à conclusão, naturalmente, de que estamos mal informados, para não dizer confusos. A verdade é que há muito pouca informação sobre Roma antiga e, ainda menos, sobre a nossa relação com a Antiguidade Romana. Este é um problema que não se restringe a nós, comuns mortais, mas afeta igualmente a imprensa e os chamados formadores de opinião, aqueles que fazem a nossa cabeça — de jornalistas a professores.

O primeiro objetivo deste livro consiste em mostrar que os romanos eram *muito* diferentes do que estamos acostumados a imaginar, ou, em outras palavras, que nossas ideias sobre eles devem ser revistas. Mais ainda, abandonando generalizações enganosas do tipo "os romanos eram violentos, xucros", podemos começar a descobrir uma civilização quase desconhecida, instigante e até divertida. Esta será a orientação do percurso que vamos seguir, com a ajuda de documentos da própria época: a busca do dia a dia desse povo sobre o qual tanto se comenta, porém tanto se ignora.

Roma e sua história

A Roma que habitualmente nos é apresentada tem uma história bem definida, datada e estabelecida. Roma foi fundada em 753 a.C., segundo a tradição, por Rômulo e Remo. Foi governada por reis até 509 a.C., quando uma revolta contra a crueldade do monarca levou à proclamação da república. Em lugar de um rei, a assembleia passou a eleger dois cônsules* para exercer o poder por um ano. O Exército romano, composto por todos os cidadãos (camponeses), passou a conquistar toda a Itália e, a partir do final do terceiro século antes de Cristo, dominou a Espanha, venceu os cartagineses no norte da África e, no século segundo, incorporou a Grécia. No primeiro século antes de Cristo, terminou por conquistar a África do Norte, a Palestina, o Oriente Próximo e a Gália (França). Por fim, no primeiro século depois de Cristo, chegou até o norte da Inglaterra e à Alemanha Ocidental.

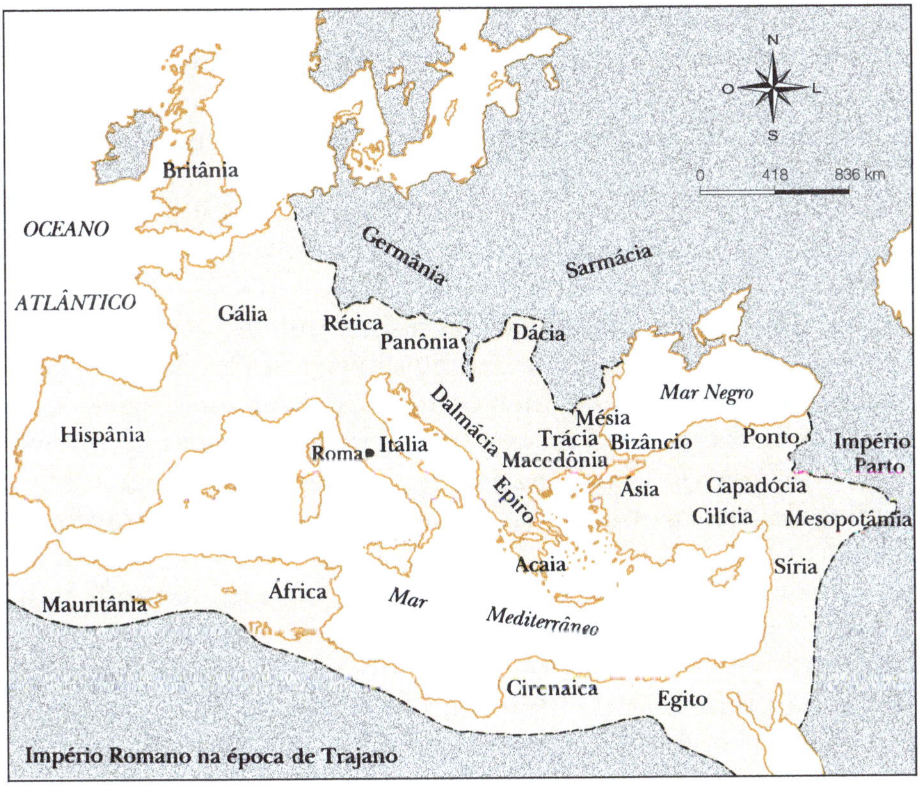

Império Romano na época de Trajano

Com a conquista da Gália por Júlio César, nos anos 50 a.C., prepara-se o caminho para a luta entre os republicanos e César, acusado de querer implantar uma monarquia. César é assassinado em 44 a.C. Segue-se uma guerra civil entre os republicanos e os herdeiros políticos de César, Marco Antônio e Otávio. Após a derrota dos assassinos de César, Marco Antônio e Otávio entram em conflito. Marco Antônio ocupava o Oriente do mundo romano, vivendo em Alexandria com Cleópatra, enquanto Otávio costurava uma aliança no Ocidente, a partir de Roma. Em 31 a.C. ocorre a batalha de Actium, na Grécia, entre as duas forças, resultando na derrota de Marco Antônio. A partir desse momento, fala-se em Império Romano, uma vez que há um imperador à frente do Estado romano. Chega-se a falar em monarquia, como se os imperadores fossem reis. Em geral, ressalta-se a "loucura" de diversos imperadores romanos, tal como Nero, que teria incendiado Roma, culpado e perseguido os cristãos impiedosamente. Haveria, por alguns séculos, uma decadência moral generalizada, que acabaria por resultar na queda do Império Romano.

Será que essa visão da história de Roma pode ser aceita? Na verdade, alguns aspectos dessa história têm sido questionados pelos historiadores. Assim, por exemplo, não parece provável que a substituição dos reis pelos cônsules tenha ocorrido em 509 a.C., mas, ao contrário, há indícios de um período de transição, que teria ido até meados do século V a.C. (cerca de 450 a.C.), antes do surgimento dos dois cônsules eleitos pelo período de um ano. Também a ideia de que o Império Romano foi uma monarquia não resiste, ante a constatação de que os romanos *nunca* chamaram os imperadores de reis, nem muito menos usavam termos como *rei* ou *monarquia*. Ao contrário, o imperador era chamado de *príncipe* que, em latim, significa "primeiro". O Imperador era o "primeiro do Senado"*. A ideia de monarquia hereditária, que associamos a império, em parte devido à monarquia brasileira, não existia, e, portanto, associar imperadores romanos a reis, no sentido moderno, é desprovido de qualquer fundamento.

Talvez a ideia mais corrente sobre o Império Romano seja a mais injustificada. Referimo-nos à noção de decadência moral, associada a exageros na comida e nas diversões e que teria levado à decadência de Roma. Em primeiro lugar, essa decadência moral teria durado séculos antes de levar Roma à ruína: ao menos cinco séculos (séculos I a.C. a IV d.C.), o que representa mais que toda a história do Brasil! Em segundo lugar, a "queda" do Império Romano já foi assinalada em momentos totalmente diferentes, indo desde 330 d.C., com Constantino, passando por 398, com a divisão entre o Império Romano do Ocidente e o do Oriente, por 410, com a tomada de Roma pelos godos, a até 1453, quando Constantinopla, ainda oficialmente capital do Império Romano do Oriente (ou Império Bizantino), foi tomada pelos turcos.

Ainda mais importante, no entanto, é o fato de que noções como "decadência" são por demais subjetivas. Teria havido decadência moral? Ou os costumes eram, simplesmente, diferentes dos nossos? As "loucuras" dos imperadores não poderiam ter ocorrido sem que alguém as apoiasse e não eram atos menos políticos do que as "loucuras" de Stalin, Hitler ou da ditadura militar, no Brasil, para ficar em alguns exemplos contemporâneos de autoritarismo.

O segundo objetivo desta nossa viagem por documentos romanos consiste, portanto, em mostrar a parcialidade da visão corrente que temos de Roma e a existência de diferentes pontos de vista sobre a sociedade romana.

Seríamos herdeiros de Roma?

Na visão tradicional, teríamos herdado de Roma uma série de instituições. Quem ainda não ouviu falar que nosso Direito deriva, diretamente, do Direito Romano? Nossos pensadores são os primeiros a recorrer a Roma para refletirem sobre o Brasil. Recentemente, o ex-ministro da fazenda Luiz Carlos Bresser Pereira defendia, em artigos publicados na grande imprensa, o modelo da Constituição romana para o Brasil. Citando um texto do historiador antigo Políbio, Bresser Pereira não hesitava em propor um sistema misto de governo. Seguia, nesse aspecto, a longa tradição de voltar às origens romanas, e cujo melhor exemplo recente talvez tenha sido Ulysses Guimarães.

Seríamos, mesmo, herdeiros de Roma? Ou viveríamos sob o domínio de referências romanas desprovidas de sentido?

Um bom exemplo da falsa "herança" romana consiste num dispositivo constitucional, em geral mal compreendido, sobre a idade mínima para poder pleitear a presidência da República e o Senado Federal. Por que se estabelece a idade mínima de 35 anos? Não há explicação explícita em nossa Constituição. Em geral, quando se faz essa pergunta, a resposta gira em torno do seguinte raciocínio: "Bem, deve ser porque um senador e o presidente da República devem ter certa experiência, que só a idade traz". Mas por que 35 anos, e não 30, 40 ou 45? Se fosse essa a explicação, por que não estaria explicitada na Constituição? No final das contas, essa limitação do direito do cidadão menor de 35 anos (aliás, a grande maioria da população!) não encontra qualquer amparo em outros trechos da Constituição. Ao contrário, se somos iguais perante a lei, com os mesmos direitos e deveres, a limitação etária dos 35 anos infringe os princípios básicos da igualdade jurídica.

Na verdade, essa exigência relativa aos 35 anos *não* se baseia numa suposta maior experiência dos cidadãos. Trata-se de um empréstimo tomado à Constituição romana, que, por sua vez, *não* exigia 35 anos para o Senado ou o Consulado. O que ocorria é que os romanos deviam seguir uma carreira militar antes de poder pleitear o Consulado (e, por consequencia, o Senado). Essa carreira exigia o exercício de uma série de cargos anuais, o que fazia com que o romano apenas pudesse candidatar-se quando tivesse passado por essas magistraturas*. Isso ocorreria, na melhor das hipóteses, quando o cidadão tivesse 35 anos, nunca antes, mas frequentemente após essa idade. Portanto, em Roma não havia a exigência de idade mínima de 35 anos, mas a de se ter exercido uma série de cargos que, somados, nunca dariam menos de 18 anos, começando aos 18 anos. É evidente que a sociedade romana, o serviço dos cidadãos no exército e seu sistema de governo nada têm a ver com nosso sistema político. Portanto, a adoção da idade de 35 anos fora do contexto original que lhe dava sentido constitui um emprego de costume do passado para justificar desigualdades no presente. Nesse sentido, à medida que nos deixamos reger por "heranças" desse tipo, acabamos por ser, de certo modo, ludibriados. Contudo, para não sermos iludidos, para podermos questionar essa "herança", é preciso conhecer melhor os romanos e sua cultura.

Em casa e na rua: os romanos em carne e osso

Será que os romanos brincavam, choravam, riam? Comiam, iam ao banheiro? Claro que sim! Tão distantes parecem os antigos que acabamos por esquecer que eram humanos, como nós, com sentimentos, emoções e necessidades. A verdade, contudo, é que temos muito pouco contato com o dia a dia de outras épocas e mesmo de outros lugares. Pois não é que, às vezes, nos pegamos pensando a respeito dos nossos indígenas. Por exemplo, "Como é possível que vivam sem geladeira?". Estamos acostumados a achar que os homens sempre e em toda parte viveram como nós vivemos hoje em dia. Faltam-nos, em grande parte, informações. Embora tenhamos, ao menos na escola, acesso à Antiguidade, essa época em geral é apresentada por meio de fatos e datas a serem decorados. Ou, então, relacionada a conceitos complexos, abstratos e pouco interessantes, como "modo de produção escravista".

Um dos objetivos deste livro é revelar como era o dia a dia na Roma antiga. Mostraremos como viviam os romanos, o que sentiam. Veremos que tinham sentimentos universais, como o amor ou a raiva, mas, ao mesmo tempo, que se manifestavam de maneira específica, diferente da nossa. Assim, a busca da diversão está por trás seja da torcida de futebol, na atualidade, seja na luta de gladiadores, na Antiguidade. As diferenças entre uma partida de futebol e uma luta de gladiadores, no entanto, demonstram que essa necessidade universal de diversão se manifesta de maneiras distintas devido às diferenças entre a nossa sociedade e a romana. Como veremos adiante, o caráter religioso dos jogos gladiatórios e a existência da escravidão na sociedade romana estão na origem da especificidade desse tipo de diversão.

Os historiadores têm estudado, nos últimos anos, a vida cotidiana, na casa e na rua, dos homens comuns. Tem-se buscado dessa forma chegar a uma história que, em última análise, explique aquela sucessão de datas e fatos importantes que estamos acostumados a aprender. De fato, grandes acontecimentos são o resultado de incontáveis ações diárias de pessoas anônimas, como cada um de nós. Os historiadores perceberam que não são os governantes que fazem a História, isoladamente e conforme sua vontade, mas somos todos nós que a fazemos, somos nós, no fundo, os responsáveis, coletivamente, pelos nossos destinos. Isso significa que, ao nos voltarmos para essas pequenas ações diárias, além de estarmos descobrindo um mundo novo, cheio de surpresas, estamos, também, mais próximos da compreensão da sociedade e das suas transformações.

Este livro

Vamos fazer, juntos, uma viagem pela vida dos romanos. Para tanto, vamos mergulhar na fonte primária do historiador, aquilo a que chamamos documentos de época. A única maneira de chegarmos ao passado é através de testemunhos e vestígios de determinada época. Não podemos fazer uma excursão para a Roma antiga pois, como diz o ditado, "Aquilo que passou, passou". Isto é, o passado é algo que não existe mais. A maneira que temos de saber como viviam as pessoas consiste no estudo daquilo a que chamamos documentos. Estes não se restringem ao que, comumente, designamos "documento", como carteira de identidade, certidão de nascimento ou caderneta escolar. Tudo o que registra o passado pode e deve ser considerado documento, pois documenta o que se passava em determinado lugar ou época.

Nossa viagem ao passado, portanto, significa um passeio por documentos. Percorreremos as fontes antigas, ou seja, os registros escritos deixados pelos autores que viveram na Antiguidade. Esses testemunhos são muito importantes porque, através da sua leitura, podemos saber o que pensavam, quais suas opiniões e seus pontos de vista. Veremos, nos capítulos seguintes, textos de historiadores, como Tito Lívio e Políbio, de políticos, como Cícero, de juristas, como Gaio, de romancistas, como Petrônio. Todos esses escritos chegaram até nós graças às transcrições que deles fizeram os copistas medievais. Essas fontes apresentam, contudo, duas limitações a serem ponderadas. Em primeiro lugar, refletem as opiniões de seus autores, que, quase por definição, faziam parte de uma reduzidíssima minoria capaz de bancar a publicação de suas obras.

Como não havia a imprensa, a publicação de um livro na forma de manuscritos era um privilégio ainda maior do que em nossos dias. Devemos, portanto, ter isso em mente ao lermos tais textos.

A esse primeiro cuidado deve acrescentar-se um segundo. Além de refletirem as opiniões de uma estreita minoria, as obras hoje disponíveis foram selecionadas pelos copistas medievais, que decidiam quais obras preservar e, em alguns casos, chegavam a alterar ou censurar o que liam. Esses dois pontos significam que cada documento desse tipo deve ser encarado como resultado de uma seleção, de uma escolha por parte do autor e dos copistas posteriores, que representa um ponto de vista a ser, necessariamente, interpretado para poder adquirir sentido. Não se trata, assim, de acreditar no que diz o documento, mas de buscar o que está por trás do que lemos, de perceber quais as intenções e os interesses que explicam a opinião emitida pelo autor, esse nosso foco de atenção.

Não nos restringiremos, entretanto, a esses documentos. Há uma série de escritos que nos chegaram não através da tradição medieval, como é o caso dos livros, mas diretamente, pelas descobertas arqueológicas. Esse é o caso de cartas particulares, de lápides funerárias e de grafites* ou inscrições em paredes ("pichações"). Esses textos abrangem um espectro de tipos de pessoas muito mais amplo do que o de autores de livros. Por meio deles, temos acesso a pobres, escravos, mulheres. A importância disso pode ser avaliada quando pensamos que não há uma única autora em língua latina e, portanto, não possuímos um só livro que, expressando uma visão feminina, tenha nos chegado pela tradição medieval. Já foram descobertos, desse modo, alguns escritos femininos — um dos quais apresentado mais adiante, neste livro —, assim como de escravos e pobres em geral.

Não são apenas os textos que nos informam sobre a Roma antiga. Desenhos e pinturas mostram-nos, por exemplo, como as pessoas se penteavam, como eram suas casas e, por que não?, o que apreciavam como decoração para embelezar seus ambientes. Dessa forma, podemos "enxergar com os olhos dos antigos" seu próprio mundo. Essa é uma experiência fascinante!

Outra maneira de chegarmos à Antiguidade é por meio dos vestígios materiais ou restos arqueológicos. Relevos* podem nos mostrar como era uma loja em atividade ou uma padaria em funcionamento. Algumas questões só podem ser respondidas mediante a observação de restos materiais, pois nunca se escreveu nada a respeito. Um bom exemplo que veremos adiante: como era um banheiro. Boa parte do que fazemos nunca foi ou vai ser registrada por escrito. Por meio de objetos, no entanto, podemos descobrir muito sobre uma sociedade, às vezes o inesperado ou o insuspeitado. Afinal, pessoas podem mentir, coisas não. Porém, embora não mintam, os objetos precisam ser lidos, interpretados. É o que faremos com plantas de edifícios e planos de cidades.

No primeiro capítulo, seguiremos os caminhos da religiosidade, observando a ligação entre a religião e a Constituição romana. No segundo, acompanharemos a vida pública e a política, observando como se processavam as eleições. O terceiro capítulo trata das classes sociais e das profissões, o capítulo quarto, da cidade e das diversões. A partir do quinto capítulo, enveredamos pela vida privada, a começar pela casa e pelo casamento (capítulo 5), passando pela escola e pela vida militar (capítulo 6) e terminando com a correspondência particular e o cuidado com o corpo (capítulo 7). Concluímos com o fim do mundo romano (capítulo 8). Finalmente, é importante lembrar que, nesta viagem que vamos fazer pela Roma antiga, estaremos sempre atentos às diversas possibilidades de interpretação dos documentos. Quando se tratar de um proprietário de escravos falando sobre a escravidão, está claro que não devemos, simplesmente, aceitar sua versão. De uma maneira ou de outra, esse comprometimento dos textos escritos é inevitável e devemos, portanto, tentar interpretar suas informações. Mesmo os objetos e vestígios materiais admitem diferentes leituras ou interpretações. É importante, pois, apresentar diversas leituras, que permitam ao leitor tanto identificar a visão do autor deste livro como construir sua própria ideia a respeito. Ao criar sua própria ideia, você, leitor, torna-se também intérprete do passado, autor de sua reconstrução da História, historiador.

PARTE II

O dia a dia de um povo

CAPÍTULO 1

Os homens e o sobrenatural

Até a guerra era sagrada

Os romanos eram muito religiosos, mas num sentido muito especial da palavra: consideravam o respeito aos rituais como fundamental para a manutenção da vida em sociedade. Esse tipo de religiosidade significava a crença na origem fabulosa de ritos cuja observância era de importância vital. O historiador romano Tito Lívio descreve, no início do Principado (século I d.C.), da seguinte maneira, o fundamento religioso da guerra, instituído no começo da história de Roma:

> *Assim sendo, do mesmo modo que Numa havia instituído práticas religiosas para a paz, Anco Márcio resolveu instituí-las para a guerra. Não bastava declarar guerra, mas era necessário fazer a declaração de acordo com um rito. Tomou, então, de empréstimo à antiga nação dos equícolas* as fórmulas para apresentar uma reclamação, ainda hoje [oito séculos depois] usadas pelos sacerdotes chamados feciais. Quando o emissário chegava às fronteiras do país ao qual ia fazer sua reclamação, cobria a cabeça com um véu de lã e dizia: "Ouvi-me, ó Júpiter, ouvi-me, fronteiras — aqui nomeava os povos a que pertenciam as fronteiras —, ouvi-me, ó Justiça Divina. Sou o mensageiro oficial do povo romano. Venho encarregado de uma*

missão justa e sagrada. Peço que confieis em minhas palavras". Em seguida, expunha suas reclamações e, tomando Júpiter por testemunha, dizia: "Se peço de modo injusto e ímpio que me sejam devolvidos aqueles homens e aqueles objetos do povo romano, não permitais que eu regresse jamais à minha pátria". Essa fórmula ele a repetia ao atravessar a fronteira, repetia-a ao entrar na cidade e repetia-a ao penetrar no Fórum, com ligeiras modificações introduzidas na invocação e na fórmula de juramento. Se não fosse devolvido o objeto de sua reclamação decorridos 33 dias — tal era o prazo consagrado —, então ele declararia guerra proferindo estas palavras: "Ouvi-me, ó Júpiter, e tu, Jano Quirino! Todos vós, deuses do céu, vós, deuses da Terra, e vós, deuses do inferno, ouvi-me! Eu vos tomo por testemunhas de que aquele povo — aqui designava-o pelo seu nome — é injusto e não paga o que deve. Quanto a este assunto, consultaremos na pátria aos nossos anciãos sobre o meio de obter o que nos é devido".*

(Tito Lívio, *História de Roma*, livro X, capítulo 32.)

A guerra, que sempre esteve na base das conquistas romanas, era, como nos conta Tito Lívio, o resultado de um ritual no qual o sacerdote, chamado fecial, reclamava bens e homens romanos a um outro povo, nas fronteiras. Para os romanos, o essencial não estava na justificação efetiva, ou seja, não se esperava a devolução do que teria sido roubado (já que, na prática, nem mesmo precisaria ter ocorrido qualquer apropriação indébita). Portanto, o que importava era o rito, a fórmula que, repetida corretamente, assegurava o apoio dos deuses. O fecial tomava cuidado de pedir o favor de *todos* os deuses, os de cima (do céu), os da Terra e os de baixo (dos infernos). Novamente, essa era uma preocupação meramente formal, ritual, visando incluir todos os deuses do lado romano e contra o inimigo.

A declaração de guerra pelo fecial, após decisão por parte do Senado, referido no texto acima, de forma arcaica, como "os anciãos", também era ritual:

Geralmente o fecial levava um dardo de ferro ou de terebinto, com a ponta previamente queimada, até a fronteira do inimigo. Lá, na presença de pelo menos três adultos, dizia: "Uma vez que o povo dos antigos latinos cometeu atos e delitos contra o povo romano, uma vez que o povo romano decidiu entrar em guerra contra os antigos latinos, ou que o Senado do povo romano decidiu, votou e decretou que se declarasse guerra ao povo dos antigos latinos, por esses motivos, eu e o povo romano declaramos guerra e a começamos contra o povo dos antigos latinos". Ditas essas palavras, lançava o dardo no território inimigo. Desse modo as queixas foram apresentadas aos latinos e foi declarada a guerra. Esse costume passou à posteridade [chegando até nós].

(Tito Lívio, op. cit., livro X, capítulo 32.)

Séculos depois, o rito continuava a ser seguido. Embora não saibamos ao certo quando se cristalizou essa fórmula, a partir de um certo momento tornou-se imperativo que, na fronteira, local onde sempre mora a discórdia e o perigo, o sacerdote, com o apoio do mundo sobrenatural, jogasse os dados e obtivesse a graça divina. O uso de frases repetidas, do tipo "Uma vez que tal e tal...", demonstra bem como o que valia era a fala, a queixa oral. Novamente o caráter jurídico do rito é ressaltado, seja pela linguagem, seja pela insistência na presença de, ao menos, três testemunhas, tal como exigia a lei. Tratava-se, assim, de estabelecer um contrato com os deuses, garantindo seu apoio ao lado romano, contra o inimigo. Veremos, no quinto capítulo, como o contato dos romanos com os deuses era sempre intermediado pelo ritual e pela palavra. Os gestos formais eram mais importantes que os motivos reais, e os romanos "compravam" (ou ganhavam) os deuses mais do que os temiam.

Uma religiosidade formal... e outra nem tanto!

Plínio, o Velho, escrevia, no século I d.C., sobre a importância do respeito às formalidades na religião de Estado:

Sacrificar animais, sem orações, não funciona, aparentemente, nem produz a correta relação ritual com os deuses. As fórmulas variam; uma para conseguir um bom agouro, uma segunda para evitar o mau agouro e uma terceira para cultuar as divindades. Os magistrados superiores rezam segundo fórmulas estabelecidas,* *tomando muito cuidado para não omitir ou trocar palavras; uma pessoa deve ler a prece de um livro e o magistrado deve repetir, fielmente, palavra por palavra; uma outra pessoa confere, cuidadosamente, se o que ele fala bate com o texto. Um terceiro preocupa-se em manter um silêncio sagrado[...] Ainda hoje, um homem e uma mulher gregos, ou vítimas de outras nações hostis, foram enterrados vivos no Mercado de Gado. Ao usarmos as preces costumeiras nesse ritual, admitimos a eficácia dessas fórmulas, comprovadas pela experiência de 830 anos.*

(*História natural*, livro XXVIII, versículos 10-12.)

Essa era a religião oficial, exercida pelos magistrados — sacerdotes, comandantes e homens públicos a uma só vez. O respeito à fórmula consistia na repetição, ao pé da letra, das preces e dos rituais. A referência de Plínio ao sacrifício de seres humanos revela a antiguidade dessa religião tradicional, e sua preocupação com o respeito às rezas associadas ao enterramento das vítimas ressalta a importância dada à formalidade.

Essa religiosidade formal, fria e distante, masculina e da elite convivia, contudo, com as crenças populares. Nestas, prevaleciam os sentimentos. As mulheres, os pobres, os escravos, os fracos e doentes, sempre frágeis ante a natureza e a sociedade, buscavam na religião uma proteção contra a violência. Consideravam que o destino regia suas vidas, mas tinham a esperança de evitar males e obter favores do mundo sobrenatural. Nesse contexto, a magia e a bruxaria, condenadas pela elite mais culta como superstição, eram bastante populares e mesmo elementos da aristocracia deixavam-se seduzir por sentimentos ambíguos a respeito delas. Apuleio (século II d.C.) escreveu um romance no qual descreve a transformação do personagem principal em um asno, graças a uma loção mágica. É curioso que os cristãos, que combateram essa obra, não negavam a transformação em si, mas a atribuíam a forças diabólicas. Já isso demonstra a crença generalizada na magia. Apuleio descreve uma maga da seguinte forma, nas palavras de uma escrava, personagem do romance *O asno de ouro*:

Ela se dedica com grande fervor à arte da magia quando se apaixona por um rapaz bonito, o que ocorre com frequência. No momento, está apaixonada por um jovem da Beócia, muito belo, e está usando suas mais potentes bruxarias para o seduzir. Ontem, ouvi-a ameaçando o próprio sol para apressar-se e fazer noite, o que lhe daria mais tempo para suas feitiçarias. Caso contrário, ameaçou impor uma nuvem de escuridão eterna sobre a Terra...

Quando anoiteceu, ficou excitadíssima e subiu ao sótão, local que pensa ser apropriado para suas práticas secretas. É um local aberto aos quatro ventos e com ampla vista do céu, a leste. Tinha tudo preparado para seus ritos mortais: todo tipo de incensos aromáticos, placas de metal com inscrições secretas, partes de pássaros mal-assombrados, vários pedaços de cadáveres — em certo lugar, tinha juntado narizes e dedos de homens crucificados, em outro, os pregos que serviram para fixá-los na cruz, ainda com pedaços de carne humana dependurados —, também sangue das vítimas e caveiras de criminosos mortos em combate com as feras, no anfiteatro. Começou a repetir certos encantamentos sobre as vísceras, ainda quentes, de diversos animais, mergulhando-as em jarros com água mineral, leite de vaca, mel e grama. Então, pegou o cabelo que eu tinha arrancado da cabeça do rapaz, fez certos cachos, molhou tudo com incenso líquido e jogou numa fogueira. O poder desse encantamento é irresistível, considerando-se, também, a violência cega dos deuses que foram invocados pela bruxa. O cheiro do cabelo queimado e o barulho da fogueira fazem com que o dono do cabelo venha de onde quer que esteja.*

(Cap. IV.)

Percebe-se, por esse relato, que a bruxaria era associada, sem muitos problemas, aos deuses oficiais, que entravam quase como coadjuvantes e, de qualquer maneira, seguindo a vontade da maga. Novamente, o ritual, as palavras, gestos e sacrifícios corretos eram o que garantia a eficácia dessa religião. Contudo, diferentemente das práticas oficiais, reservadas aos homens sacerdotes, a magia era acessível a todos. É por isso que as mulheres são, com tanta frequência, associadas à bruxaria. Excluídas da religiosidade masculina, militar e oficial, suspeitava-se de que eram capazes de agir de maneira sobrenatural, em detrimento especialmente dos homens. No entanto, também os escravos e pobres eram considerados suspeitos, por parte da elite, de praticar a magia. Portanto, a formalidade da religião manifestava-se de maneira diversa nos dois grupos: a elite controlava a religião oficial, enquanto as camadas populares atuavam na magia e nos cultos secretos.

CAPÍTULO 2

Vida pública e vida política: teoria e prática

Uma Constituição perfeita

Segundo o historiador grego Políbio (século II a.C.), Roma conseguira conquistar o Mediterrâneo porque tinha uma Constituição quase perfeita. Sua virtude maior estaria no equilíbrio entre os poderes e, por esse motivo, a defesa da Constituição romana continua a encontrar admiradores no mundo contemporâneo. Luiz Carlos Bresser Pereira, em 1993, defendia para o Brasil justamente esse sistema político. Acompanhemos o raciocínio de Políbio:

> *Mesmo para um cidadão romano, seria impossível dizer, com certeza, se o sistema, em seu conjunto, era aristocrático, democrático ou monárquico. Com efeito, a quem fixar a atenção no poder dos cônsules, a Constituição romana parecerá totalmente monárquica; a quem a fixar no Senado, parecerá aristocrática, e a quem a fixar no poder do povo, parecerá, claramente, democrática. Os cônsules, presentes em Roma enquanto não se ausentam no comando de suas legiões*, exercem autoridade sobre todos os assuntos políticos, pois todos os magistrados, à exceção dos tribunos da plebe*, lhes são subordinados e estão obrigados a obedecer-lhes [...] Quanto aos preparativos de guerra e à condução geral das operações militares, seu poder é quase discricionário [...] Quanto ao Senado, em primeiro lugar, tem autoridade sobre o erário público. Além disso, os crimes*

cometidos na Itália, para os quais é imposta uma investigação pública (ou seja, traição, conspiração, envenenamento e assassínio), estão, igualmente, sob a jurisdição do Senado. Cabe-lhe, ainda, fazer exigências, receber rendições ou declarar guerra. Para alguém que resida em Roma durante a ausência dos cônsules, portanto, a Constituição romana parecerá totalmente aristocrática. Por sua parte, somente o povo tem o direito de conferir distinções e infligir punições. É também o povo que designa os cidadãos dignos de exercer funções públicas. O povo tem ainda o poder de aprovar ou rejeitar leis e — o mais importante de tudo — delibera sobre a paz e a guerra. Além disso, no caso de alianças, de condições de paz e de tratados, cabe ao povo ratificar ou rejeitar todos os pactos. Ora, diante disso, uma vez mais, alguém poderia dizer, com razão, que a participação do povo no governo é a mais importante e que essa forma de governo é democrática.

(*História*, livro VI, capítulos 11-18.)

Após essa exposição dos poderes dos cônsules, do Senado e das assembleias populares, Políbio procura demonstrar como cada um desses órgãos era, por assim dizer, controlado pelos outros. É justamente esse controle mútuo que tem sido usado, por muitos pensadores modernos, como fundamento para a teoria do equilíbrio de poderes (os famosos *checks and balances* dos ingleses, ou seja, os controles recíprocos dos poderes e o balanço ou equilíbrio de suas forças). Mas retornemos a Políbio:

Descrita a distribuição do poder político entre as diferentes partes do Estado, vou explicar, agora, como cada uma das três partes é capaz, se desejar, de criar obstáculos às outras, ou de colaborar com elas. O cônsul, ao partir com seu exército, parece ter, efetivamente, autoridade absoluta em todos os assuntos; na verdade, contudo, depende do apoio do povo e do Senado, e não é capaz de levar adiante as operações de guerra sem a colaboração de ambos, pois, obviamente, as legiões necessitam de suprimentos constantes [que dependem do Senado]. É absolutamente indispensável aos cônsules conquistar a simpatia do povo, pois é este que ratifica ou rejeita as condições de paz e de tratados.

O Senado, por seu turno, é obrigado a estar atento ao povo nas questões de interesse público. Se um só dos [dez] tribunos da plebe se *opuser, o Senado é incapaz de decidir em última instância sobre qualquer assunto [graças ao seu poder de veto*].*

Igualmente, o povo, por seu turno, é submisso ao Senado e respeita-lhe os membros seja em público, seja na vida privada.

Nenhum dos poderes predomina sobre os outros nem pode desprezá-los.

(Op. cit., livro VI, capítulos 11-18.)

Para Políbio, como se percebe, não havia propriamente conflito de poderes, mas controle de uns sobre os outros. Na prática, a história romana sempre foi marcada pela luta entre patrícios* e plebeus* ou entre nobres e "homens novos", os ricos de origem popular. Houve, constantemente, choques entre o Senado (patrício, nobre) e a plebe. Os cônsules acabaram por se tornar poderosos e, com Mário (final do século II e início do século I a.C.), Sila e César, colocaram em xeque o poder do Senado. A partir de Augusto (30 a.C.-14 d.C.), os imperadores, que eram generais do exército, passaram a exercer grande poder. Tudo isso demonstra como a elaboração da Constituição romana perfeita correspondia a um ideal num mundo real, no qual os grupos não se limitavam a controlar o poder dos outros agentes sociais.

O principado e os poderes do imperador

Com Augusto (30 a.C.-14 d.C.), o arranjo constitucional republicano sofreu algumas modificações. Formalmente, os poderes continuavam divididos, mas a introdução da figura do príncipe ou imperador alterou essas relações de maneira significativa. O próprio Augusto queria manter a aparência de ser um restaurador da liberdade republicana, como declara no relato de sua ascensão ao poder:

Com a idade de dezenove anos, tomei a iniciativa de formar um exército, à minha custa, e graças a ele fui capaz de restabelecer a liberdade do Estado, que estava dominado por uma facção. Por isso o Senado decretou certas honras para mim, fazendo-me senador, no consulado de Gaio Pansa e Aulo Hírtio (43 a.C.), dando-me *a oportunidade de expor minha opinião junto aos consulares e dando-me o comando supremo das forças armadas. O Senado pediu-me que, como comandante junto aos cônsules, "protegesse o Estado". No mesmo ano, ao morrerem os dois cônsules em batalha, o povo escolheu-me cônsul e triúnviro* para a reorganização do Estado.*

A ditadura foi-me oferecida, tanto pelo Senado como pelo povo, mas não aceitei. Foi-me oferecido o consulado anual em forma perpétua, mas recusei. Em três ocasiões [19, 18 e 11 a.C.], o Senado e o povo romanos concordaram que eu deveria ser o superintendente das leis e da moral, com autoridade absoluta e sem colega; contudo, não aceitei nenhuma magistratura que conflitasse com a tradição. Tenho sido o líder do Senado por quarenta anos consecutivos.

(*Ações do Divino Augusto*, versículos 1, 5 e 7, apud J. Imbert et alii, orgs. *Histoire des institutions et des faits sociaux*, p. 178 -9.)

As instituições tradicionais, como o Senado e o povo, com seus comícios, continuaram a existir, mas passaram a conviver com um poder pessoal do "príncipe do Senado", o imperador. Augusto tentou apresentar-se como restaurador da velha ordem republicana e tomava o cuidado, como se observa no documento, de deixar às instituições tradicionais a iniciativa de ceder-lhe poderes e cargos. Contudo, um autor grego do século III d.C., Cássio Dio, nos revela como, com o tempo, o imperador passou a ser considerado:

Todo o poder do povo e do Senado passou para Augusto e, desde então, tem havido, estritamente falando, uma monarquia; na verdade, devia chamar-se monarquia, ainda que às vezes dois ou três homens tenham governado ao mesmo tempo. A verdade é que o nome "monarquia" era tão odiado pelos romanos que eles nunca deram aos seus imperadores títulos como ditadores ou reis; contudo, na medida em que têm a autoridade final, deviam ser chamados de reis. Os cargos estabelecidos pelas leis ainda são mantidos, exceto os dos censores, mas o controle de tudo está nas mãos de quem está no poder naquele momento. Para que pareçam ter esse poder não devido à força mas à tradição, os imperadores ocupam os diversos *cargos que, durante a república e com o consentimento do povo, eram importantes, tomando seus títulos, exceto a ditadura. Assim, são, frequentemente, eleitos cônsules, procônsules*, quando fora de Roma. Todos detêm o título perpétuo de imperador.*

(Cássio Dio, *História de Roma*, livro 53, capítulo 17.)

Cássio Dio, que foi cônsul em 229 d.C., conhecia bem a realidade do poder imperial, ainda que devamos lembrar que fala não tanto da época de Augusto como da sua própria. De qualquer forma, a estratégia de exercício de poder dos imperadores baseava-se, desde Augusto, na ideia de ocupar cargos tradicionais e, a partir dessa base legal, governar. Assim, a sucessão não era hereditária, pois não havia propriamente uma realeza de sangue. Era, antes, uma espécie de regime militar, pois os imperadores deviam ser generais e o poder não era de uma família, mas dos generais. Isso explica que a sucessão fosse baseada na adoção do futuro imperador. Este não era, necessariamente, parente do imperador e devia ser, como regra geral, um comandante militar. No entanto, o Império Romano, além de não ter sido uma monarquia, no sentido moderno da palavra, era formado por um elevado número de cidades mais ou menos autônomas. Cada uma delas tinha sua própria Constituição e escolhia seus próprios magistrados. Daí a singularidade desse "império". Já se chegou a supor que o Império Romano nada mais fosse que um imenso conglomerado de cidades independentes. Isso nos conduz à política local, ao poder e às eleições nas cidades romanas.

Tudo vale em busca do voto

Quando se pensa em democracia e eleições na Antiguidade, logo se lembra de Atenas. A visão tradicional que se tem é a de que, em Roma, o povo pouco participava da vida política. Não era bem assim, contudo. As eleições podiam ser bastante disputadas, e os romanos desenvolveram técnicas de propaganda eleitoral sofisticadas, que, em muitos aspectos, prenunciam o mundo moderno. Cícero (106-43 a.C.), um líder que conhecia bem os bastidores da política romana, escreveu bastante a respeito. Acompanhemos o que nos diz sobre a "caça" ao voto:

> *Para ganhar o favor popular, o candidato deve conhecer os eleitores por seu nome, elogiá-los e bajulá-los, ser generoso, fazer propaganda e levantar-lhes a esperança de um emprego no governo [...]*
>
> *A generosidade é um tema amplo. Talvez sua renda privada não possa atingir todo o eleitorado, mas seus amigos podem ajudá-lo a agradar a plebe. Ofereça banquetes e providencie que seus amigos façam o mesmo, procurando atingir os eleitores ao acaso e o eleitorado específico de cada tribo [...] [Quanto à sua imagem, espalhe que você fala bem, que os coletores de impostos e a classe média gostam de você, que os nobres o estimam, que os jovens se amontoam à sua volta, assim como os clientes que você já defendeu, e que veio gente do campo e de cidades do interior, até Roma, explicitamente para apoiar a sua campanha. Faça com que os eleitores falem e pensem que você os conhece bem, que se dirige a eles pelo nome, que sem parar e conscienciosamente procura seu voto, que você é generoso e aberto, que, mesmo antes do amanhecer, sua casa está cheia de amigos, que todas as classes são suas aliadas, que você fez promessas para todo mundo e que as cumpriu, realmente, para a maior parte das pessoas.*
>
> *Sua campanha, na medida do possível, deve levantar, contra seus adversários, suspeitas negativas, apropriadas às suas personalidades, envolvendo crimes, vícios e corrupção [...] [Lembre-se que esta é Roma, uma cidade composta de uma multidão de povos, cheia de falsidades, enganações e vícios de todo tipo, na qual você deve suspeitar, a todo momento, a arrogância, o insulto, o olho gordo, o desdém, o ódio e a importunação. É necessário, penso, muito bom-senso e destreza para um só indivíduo conseguir evitar antagonismos, boatos e armadilhas e adaptar-se a uma tal variedade de personalidades, pontos de vista e interesses.*
>
> (Cícero, *Notas sobre as eleições*, versículos 41, 50, 52, 54, apud P. Mackendrick, *The Roman mind at work*, p.178-9.)

Algumas das sugestões de Cícero são usadas pelos nossos políticos. No entanto, observe-se como se dava importância à riqueza do postulante e de seu círculo de amigos, que deviam custear banquetes e a própria campanha. Isso ocorria porque o cargo público era considerado uma honra e, em certo sentido, uma carga, um fardo até mesmo econômico. A referência aos clientes, que chamaríamos hoje "agregados, dependentes, protegidos", demonstra que o clientelismo* era um trunfo importante. De qualquer forma, o povo, a plebe ou a massa, constituía um elemento a ser cativado e não coagido.

Conhecemos, também, as eleições romanas por cartazes utilizados pelos candidatos em campanha. Vejamos um exemplo da cidade de Pompeia:

> *Reeleja, pela terceira vez, Lúcio Verânio Ipseo para duúnviro* (prefeito) e quinquenal*, em chapa com Casélio Marcelo, candidato a edil*: serão ótimos colegas.*
>
> (*Corpus Inscriptionum Latinarum (CIL)*, v. IV, inscrição 187.)

Esses cartazes eram pintados nas paredes, em grande número, e espalhados por toda a cidade, como se vê na figura abaixo.

"Todos os pompelanos, sem exceção, elegeram Páquio Próculo duúnviro. Ele é, verdadeiramente, digno da administração da cidade." Este cartaz comemora a eleição de um candidato a uma magistratura em Pompeia. (CIL, v. IV, inscrição 1122.)

O fato de o cartaz mencionar que *todos* votaram no candidato tem sido interpretado pelos historiadores de duas maneiras diversas. Para alguns, isso demonstraria que, na prática, as eleições eram pouco disputadas, pois se *todos* votaram, não havia, na verdade, opção de não se votar no candidato. Outros, contudo, lembrando-se até das recomendações de Cícero que acabamos de ver na página anterior, consideram que esse cartaz comemorativo não passa de um exagero a ser entendido como "a cidade de Pompeia o elegeu em massa". Seria como hoje, quando um candidato, ao vencer uma eleição à prefeitura, agradece a *toda* a cidade, sem que isso, a rigor, represente a realidade. Cabe a nós pensar e tentar fazer nossa própria ideia, pois estudar a História é interpretar os documentos.

CAPÍTULO 3

As classes e o trabalho

Havia classes sociais?

O próprio uso do termo *classe social*, no que se refere à Antiguidade, já acarreta certos problemas. Isso porque há muitos autores que consideram o uso da palavra *classe* justificável apenas quando nos referimos à sociedade moderna, relativamente aos últimos séculos, portanto. Aí, sim, teríamos a classe trabalhadora, que seria constituída por aqueles que não têm os meios de produção e possuem somente sua força de trabalho como bem a ser vendido. Na Antiguidade, segundo essa conceituação, haveria estamentos* e não classes. Para exemplificar, um escravo podia ser pobre, se empregado no trabalho na roça, ou rico, se na administração pública imperial. Um camponês livre podia ser pobre ou rico. Assim, as diferenças entre um e outro seriam de estamento ou de estatuto jurídico: o escravo e o homem livre pobres eram diferentes, de estamentos diferentes: um livre, o outro escravo. Mesmo se fossem igualmente pobres, seriam inevitavelmente diferentes pelo estatuto diverso que os regia.

Vejamos como os documentos tratam dessa questão. O jurista Gaio dividia as pessoas da seguinte maneira:

> *A principal diferença entre as pessoas, quanto ao direito, é esta: todos os homens são ou livres ou escravos. Os homens livres subdividem-se, por sua vez, em nascidos livres e libertos ou forros. São nascidos livres os que assim nasceram; são libertos os que foram alforriados. Os libertos são de três tipos: cidadãos romanos, cidadãos latinos ou não cidadãos [...]*

> *Está determinado pela Lei Élia Sêntia que os escravos que, a título de pena, tiverem sido encarcerados pelos seus senhores, ou marcados por ferro em brasa, ou tenham sido punidos por um delito cometido, ou entregues ao combate contra animais selvagens ou como gladiadores ou na prisão e que, depois, tenham sido alforriados pelos seus próprios donos ou por alguém mais, terão eles, tornando-se livres, a mesma condição dos estrangeiros, que não são cidadãos romanos. São chamados estrangeiros não cidadãos aqueles que, tendo combatido, no passado, o povo romano e tendo sido vencidos, renderam-se a nós [...] [Aquele que possua três características, a saber, tenha mais de trinta anos, seja escravo de um senhor pelo Direito Romano e tenha sido alforriado de maneira justa e legítima [...]torna-se o forro cidadão romano; mas, se falta uma dessas condições, tornar-se-á cidadão latino apenas.*
>
> (*Institutas*, cap. I. versículos 9-17.)

Esse documento, por certo de caráter legal, apresenta uma divisão bastante clara dos homens, mas, ao mesmo tempo, deixa evidente que havia mobilidade, possibilidade de mudança de um grupo para outro. O escravo podia ser alforriado e, até, tornar-se cidadão romano de pleno direito. Mesmo nesse caso, no entanto, devemos lembrar que o liberto não se tornava igual àquele nascido livre, seja por sua origem escrava, seja por algumas privações, que esse documento não cita, de direito. É o caso da possibilidade de candidatura a certos cargos, reservados aos nascidos livres. Havia, portanto, estamentos em Roma. Não haveria, então, classes sociais? Talvez possamos chegar mais perto de uma resposta ao lermos um outro documento. Petrônio (século I d.C.) descreve, em seu romance *Satyricon*, um liberto que enriqueceu e que conta sua própria história:

> *Antigamente, era como vocês; foi a habilidade que me pôs onde estou hoje, cheio de prosperidade. Foi minha economia que me fez milionário. Quando vim da Ásia, não era maior do que um candelabro. Por quatorze anos, fui o escravo favorito de meu senhor e, para dizer a verdade, também da patroa. Com a ajuda dos céus, fiquei à testa dos negócios e consegui que o meu senhor se lembrasse de mim em seu testamento, pelo que acabei por herdar uma fortuna*

senatorial, fabulosa. Mas ninguém se dá por satisfeito, e quis meter-me nos negócios. Construí cinco navios mercantes, carreguei-os de vinho — valiam uma fortuna, na ocasião — e os enviei a Roma. Poderia pensar-se que o planejei assim: todos os barcos naufragaram. Foram trinta milhões de sestércios engolidos por Netuno, em um só dia. Deixei-me abater? Nada disso: construí mais navios, melhores e mais sortudos. E minha mulher fez o que devia fazer: vendeu suas joias e roupas de luxo e deu-me o arrecadado: cem peças de ouro. Isso permitiu-me voltar a pôr o prato na fervura. Graças aos céus, numa viagem rápida, pude lucrar dez milhões. De imediato, paguei o que devia, construí uma mansão na cidade, abasteci-me de escravos e de gado. Quando fiquei mais rico do que toda minha cidade, resolvi aposentar-me e comecei a financiar, amigavelmente, libertos. Construí este palacete: vinte quartos, dois pórticos* de mármore, uma adega de vinho, uma suíte senhorial, uma sala de estar para o dia a dia, muitos quartos para hóspedes.*

(Cap. 75-76.)

Esse personagem, um liberto chamado Trimalcião, demonstra bem a possibilidade de ascensão social que um escravo podia ter. Essa mobilidade fazia com que um liberto milionário fosse quase do mesmo grupo social de um homem livre rico. Sempre seria um ex-escravo, não podia ser eleito, não tinha a refinação de um aristocrata, mas era milionário. Percebe-se, portanto, que a sociedade romana não era rigidamente estamental, pois havia possibilidade de mudança, havia mobilidade social. Por outro lado, não era apenas a riqueza que definia o indivíduo, mas também seu estatuto jurídico. De maneira que havia, a um só tempo, estamentos e classes sociais. Não havia a rigidez dos estamentos nem o domínio absoluto da riqueza, típico da diferenciação moderna em classes sociais. Havia classes, mas também estamentos.

As classes e as ordens em ação

Cícero, escrevendo no final da república (século I a.C.), talvez tenha sido o autor romano que mais haja se preocupado com a questão das classes sociais e das ordens jurídicas. Isso não era casual, pois Marco Túlio Cícero representou bem a situação ambígua dos romanos que, não sendo nobres de sangue, chegaram ao topo da sociedade. Em um de seus muitos discursos, Cícero se debruçou sobre a questão nos seguintes termos:

> *Dois tipos de pessoas sempre existiram em Roma, desejosas de participar da vida política e de alcançar distinção: uma classe desejava ser, e ser considerada, representante do povo comum, os "populares", a outra chamava-se de "os melhores", os "ótimos". Aqueles que queriam, em ações e em palavras, agradar à grande massa, eram considerados populares; aqueles que queriam a aprovação dos bons cidadãos eram considerados os ótimos. Bem, quem são esses "ótimos"? Muitos homens, indispensáveis: são os primeiros na defesa do bem comum e são, ainda, seu sustentáculo. São os membros das classes altas, elegíveis para o Senado; cidadãos de cidadezinhas e de regiões interioranas; homens de negócios; até mesmo libertos são ótimos.*
>
> (*Em defesa de Séstio*, cap. 96.)

Cícero divide os romanos não segundo seu estatuto jurídico de nobres ou plebeus, como dois grupos claramente distintos; ao contrário, junta sob a denominação "ótimos" pessoas tão díspares como patrícios e libertos. Isso reflete a própria posição de Cícero, um homem culto que chegou ao Consulado e ao Senado, mas cuja origem era provinciana. Nesse contexto, propunha uma aliança de diferentes grupos unificáveis, ao menos do seu ponto de vista, em torno da elite. Cícero continua explicando por que esses diferentes grupos deviam ser considerados como um todo:

> *Embora ampla e heterogênea, essa classe, como um conjunto, pode ser brevemente definida. Todos os homens que defendem a lei e a ordem, que não são depravados, radicais ou com dificuldades domésticas devem ser considerados ótimos. Aqueles que a oposição popular chama de "uma quadrilha" são, na verdade, honestos, íntegros, homens de família. Aqueles que, no governo, consultam os desejos, interesses e opiniões desse grupo devem ser contados entre os ótimos, íntegros, cidadãos superiores e defensores do interesse público.*
>
> (Op. cit., cap. 97.)

Como se percebe, a junção de empresários, fazendeiros e libertos (subentende-se que enriquecidos) constitui um elemento de apoio político aos "ótimos", no sentido estrito. Todos os que defendem os interesses dessa elite devem ser, segundo Cícero, admitidos no restrito grupo dos ótimos. Mas quais seriam esses interesses?

> *No que deveriam se fixar os olhos destes comandantes do Estado e em que direção seguir? O mais importante e desejável, para esses cidadãos corretos, leais e bem de vida: paz com dignidade. Todos os que querem isso são os ótimos; aqueles que levam isso a cabo na prática são estadistas, mantenedores da comunidade. Mas os homens não deveriam deixar que sua busca da honra e do reconhecimento se sobrepusesse ao desejo da paz, assim como o contrário: a busca da paz não deveria prejudicar o anseio ao reconhecimento. Os fundamentos da paz com reconhecimento, que os defensores do bem público devem proteger e defender, mesmo à custa da sua própria vida, são os seguintes: o cuidado com os preceitos religiosos, augúrios, poderes dos magistrados, prestígio senatorial, leis, tradições, finanças, províncias, aliados, com a glória do império, forças armadas e o tesouro.*
>
> (Op. cit., cap. 98.)

Paz com dignidade , calma com honrarias, tranquilidade pública e cargos, esses os elementos que deviam unificar toda uma gama de "gente de bem" em torno da elite romana. O programa político de Cícero, conservador, não pode ser encarado como uma realidade efetiva. E difícil supor que todos os grupos sociais citados, de libertos a empresários, aceitassem essas ideias. Sabemos que muitos deles estavam do outro lado, do lado dos populares. Mais do que isso, não é provável que libertos fossem bem aceitos, sem qualquer discriminação, no círculo de defensores da elite, como ótimos iguais aos outros. No entanto, as ideias expostas por Cícero demonstram que se podia defender uma concepção de classe explicitamente não convencional e, até, contrária à tradição. Isso é muito importante porque, confirmando o que vimos antes, percebe-se que a sociedade romana não era apenas e tão somente dividida em ordens ou estamentos, mas, ao contrário, contava com classes. Estas dependiam da sua posição econômica e ideológica, pois somente esses fatores poderiam congregar elementos sociais tão diferentes como ex-escravos, empresários, fazendeiros, senadores e patrícios.

O trabalho duro

A grande maioria da população, fosse ela escrava ou livre, trabalhava e vivia em condições nada semelhantes à riqueza descrita por Trimalcião. O trabalho pesado era feito por animais de carga, mas também por escravos e por pobres, na roça e na cidade. Os ricos, em geral, consideravam todo trabalho manual degradante e louvavam o ócio. Contudo, pode-se supor que os próprios trabalhadores não se envergonhavam tanto de si mesmos. Ao contrário, há, por exemplo, entre os cartazes eleitorais, muitas referências a categorias de trabalhadores manuais que apoiavam os candidatos. Temos, por exemplo:

> *O Professor Saturnino apoia Caio Cúspio Pansa para edil, com o apoio dos seus alunos.*
>
> (*CIL*, v. IV, inscrição 275.)

> *Os artesãos fabricantes de carroças pedem o voto para Marcelo, candidato a Edil.*
>
> (*CIL*, v. IV, inscrição 485.)

> *Os camponeses pedem o voto para M. Casélio.*
>
> (*CIL*, v. IV, inscrição 490.)

Às vezes, as pessoas se associavam de maneira informal e, deve-se supor, expressavam-se de forma engraçada:

> *Todos os dorminhocos pedem o voto para Vátia, para Edil.*
>
> (*CIL*, v. IV, inscrição 575.)

Ou então:

> *Todos os beberrões pedem o voto para M. Cerrínio Vátia, para edil.*
>
> (*CIL*, v. IV, inscrição 581.)

Outro tipo de documento que deixa claro o orgulho dos trabalhadores refere-se aos sarcófagos*, nos quais diversas profissões são representadas. Os relevos funerários, por servirem para preservar a memória do morto, devem referir-se àquilo que dava orgulho ao falecido e à sua família. Os relevos de diversos ofícios devem ser entendidos nesse contexto. Assim, o sarcófago de P. Nônio Zeto, na ilustração abaixo, mostra uma moenda em uma padaria. Nesse caso, a mó era movida por burro, mas sabemos que, muitas vezes, ela era empurrada por escravos ou pobres.

Relevo em sarcófago do século I d. C., de P. Nônio Zeto, encontrado em Óstia e conservado no Museu Chiaramonti, do Vaticano, em Roma. (Candilio et alii, 1984, p. 148.)

Relevo de um sarcófago do século I d.C. com a representação de um açougue. À direita pode-se ver a balança para a pesagem de carne, cujo consumo, principalmente da de porco, era restrito. (Candilio et alii, 1984, p. 213.)

Ilustração que reconstitui o desembarque de vasos para o transporte de azeite, no porto da cidade de Roma (séculos I e II d.C.). O barco, no rio Tibre, era descarregado por meio de guindastes. (Candilio et alii, 1984, p. 167.)

Outras profissões, como açougueiro e vendedor de alimentos, representadas, também, em sarcófagos, mostram a abrangência de atividades apresentadas nesses documentos funerários. Outras vezes, contamos com restos arqueológicos de construções, que nos permitem ter uma ideia das atividades cotidianas. Na cidade de Roma, por exemplo, grandes quantidades de produtos eram recebidas diariamente no porto, no rio Tibre, desembarcadas e armazenadas em depósitos. Depois disso, os produtos eram encaminhados a diversos mercados, sendo o mais central um imponente edifício, ainda muito bem conservado, com diversos andares. O Mercado de Trajano, que assim ficou conhecido graças ao imperador Trajano (início do século II d.C.), possuía em seu interior um sem-número de lojas que vendiam de tudo a uma verdadeira multidão de compradores.

Roma não era só trabalho. No capítulo seguinte veremos como se vivia na cidade e como eram as diversões.

CAPÍTULO 4

A cidade e as diversões

A cidade é a ordem

A cidade representava, para o romano, o ambiente natural da vida em sociedade. Mesmo os camponeses, que visitavam as cidades apenas ocasionalmente, encaravam-na como padrão a ser seguido. A cidade romana era o exemplo acabado do que chamaríamos hoje "cidade planejada": perfeitamente regular, com largas avenidas e ruas paralelas e transversais, como que formando uma rede. Isso se deve ao fato de que a cidade romana surgiu como recriação de um acampamento militar, cuja configuração era rigorosamente simétrica e racional.

No acampamento, havia quatro portas, uma via principal, onde se localizavam os edifícios administrativos, como o fórum, e a morada do capitão. Os outros oficiais alojavam-se ao lado. Os soldados alojavam-se em vias secundárias. De maneira similar, a cidade compunha-se de um fórum, um quadrado descoberto, geralmente cercado por colunas cobertas. Ali os patrícios encontravam-se para discutir política e economia, já que os bancos também situavam-se nessa área. Nas cidades pequenas, os comerciantes ficavam no fórum ou em suas vizinhanças. Em muitos casos, as lojas davam para as colunas internas, como na cidade de Venta, na atual Grã-Bretanha. Nessa cidadezinha, cujo fórum e basílica* aparecem reconstruídos na ilustração da página seguinte, as lojas eram abertas na frente, com balcões. No fundo das lojas havia escadas que conduziam ao segundo andar, usado tanto como depósito quanto como moradia para o proprietário. Para fechá-las, usavam-se toras de madeira que se encaixavam em carrilhos e impediam o acesso ao interior.

Reconstrução do centro da cidade de Venta, na Inglaterra, feita por um desenhista moderno. Ao centro veem-se o fórum, a céu aberto, e à sua direita a basílica. (Wheeler, 1989, p.78.)

Em Roma, uma cidade imensa, com talvez 1 milhão de pessoas, no seu auge (século I d.C.), o fórum era usado principalmente como local de festas religiosas e grandes manifestações cívicas. Ao fórum, espaço público aberto, juntava-se a basílica, uma grande construção para negócios públicos.

Pompeia, cidade destruída pela erupção do vulcão Vesúvio em 79 d.C., embora não planejada, possuía uma estrutura bastante regular, com as ruas se entrecruzando. A observação da planta da cidade mostra que era murada, sendo acessível por diversos portões, como a Porta de Herculano, do Vesúvio ou de Nola. Esses nomes derivam das estradas, com destino a tais lugares, que saíam dessas portas. Os principais edifícios públicos eram o fórum, os teatros aberto e fechado, o anfiteatro, a palestra (um campo de exercícios), diversas termas ou banhos públicos, a basílica e templos a Apolo*, Zeus* e ao imperador Vespasiano (69-79 d.C.).

A maior diversão: os gladiadores

Havia muitas diversões populares: o teatro, as corridas de biga, os jogos de dados, entre outras atividades. A maior parte delas possuía uma origem antiga e fundava-se em práticas religiosas. Os jogos de azar, por exemplo, ligavam-se a uma concepção mágica na qual o Destino (chamado *Fortuna*) era o principal motor da vida humana. O jogo, portanto, era uma espécie de preparação do indivíduo para enfrentar as dificuldades imprevisíveis da vida. Assim não podemos deixar de lado esse aspecto mágico, religioso e sagrado que sempre estava presente nas diversões romanas.

Também a mais difundida das paixões populares, as lutas de gladiadores, teve sua origem em um costume religioso. Os etruscos, um povo que vivia ao norte de Roma e que ocupou quase toda a Itália nos séculos VII a V a.C., introduziram o costume de sacrificar prisioneiros de guerra nos funerais dos seus próprios guerreiros. A luta de guerreiros — prisioneiros inimigos — até a morte servia como uma espécie de sacrifício aos deuses em honra aos soldados vencedores que haviam perecido. Tertuliano, um autor cristão, descreve os sentimentos presentes nessas lutas da seguinte maneira:

> *Os antigos pensavam que, com esse tipo de espetáculo, prestavam homenagem aos mortos. Acreditava-se que as almas dos mortos eram beneficiadas com o sangue humano e, assim, costumavam sacrificar, nos funerais, soldados inimigos capturados ou escravos.*
>
> (Apud Michael Grant, *Gladiators*, p. 11.)

Com o passar do tempo, a luta passou à arena e adquiriu outras conotações religiosas. A morte dos gladiadores passou a representar a supremacia dos vivos, os espectadores, que, mesmo sendo muito pobres ou escravos, podiam beneficiar-se do sacrifício do sangue humano. Esse caráter religioso explica por que os gladiadores mortos eram retirados da arena por um homem vestido como o deus etrusco Carum, uma espécie de deus dos infernos.

Tal caráter mágico da luta de gladiadores não significa porém que não houvesse nela um lado de diversão e que não fosse utilizada pelos governantes para dominar a grande massa. Mas como era uma luta de gladiadores?

Em um anfiteatro, dois lutadores por vez, armados de capacetes, lanças, escudos, espadas, redes e garfos, pelejavam até que um deles caísse ao solo e ficasse em posição de ser morto pelo adversário. Nesse momento, o público devia manifestar-se, levantando ou abaixando os polegares, para decidir se o perdedor devia ser morto ou poupado para lutas futuras. Caso houvesse lutado bravamente, seria preservado. Caso contrário, era morto e retirado por Carum. A peleja era acompanhada por uma banda de música e havia torcidas, seja para gladiadores específicos, seja para lutadores de diferentes cidades. Não se pagava para assistir aos espetáculos, os jogos eram financiados por figurões e dedicados a divindades específicas. Os patrocinadores costumavam anunciar, com cartazes, as lutas. Vejamos um exemplo de uma inscrição que comemora os diversos patrocínios de um desses políticos:

> *Aulo Clódio Flaco, filho de Aulo, da tribo Menânia, duúnviro pela terceira vez e quinquenal, tribuno militar, organizou os seguintes espetáculos para a população de Pompeia:*
>
> *No primeiro duunvirato*: nas festividades de Apolo, uma parada no Fórum, touradas, três duplas de pugilistas, boxeadores, representações de comédias de todo tipo e distribuição, ainda, de 10 000 sestércios.*
>
> *No segundo duunvirato, como quinquenal: nas festividades de Apolo, parada no Fórum, touradas, boxeadores. No dia seguinte, patrocinou, pessoalmente, no edifício de espetáculos [o anfiteatro], trinta duplas de lutadores, cinco duplas de gladiadores, mais 35 e um combate contra animais selvagens: touros, javalis e ursos; além disso, caça a outros animais, patrocinada juntamente com seu colega duúnviro.*
>
> (*CIL*, v. X, inscrição 1 074.)

*Desenho feito por um popular numa parede de Pompeia (século I d.C.). O vencedor, à esquerda, M. Atílio, poupou a vida do perdedor, L. Récio Félix. (*CIL*, v. IV, inscrição 10 236.)*

As lutas faziam parte, portanto, de um conjunto de festas religiosas financiadas pelos políticos. Por que eram tão populares? Havia torcidas organizadas, conforme se pode ver em um desenho feito por um popular, em Pompeia, que mostra uma luta entre os torcedores de Pompeia e os de Nucéria, uma outra cidade da região, no anfiteatro, em 59 d.C. Note-se, nessa representação, a presença de banquinhas de comidas e bebidas na frente da escada de acesso às arquibancadas.

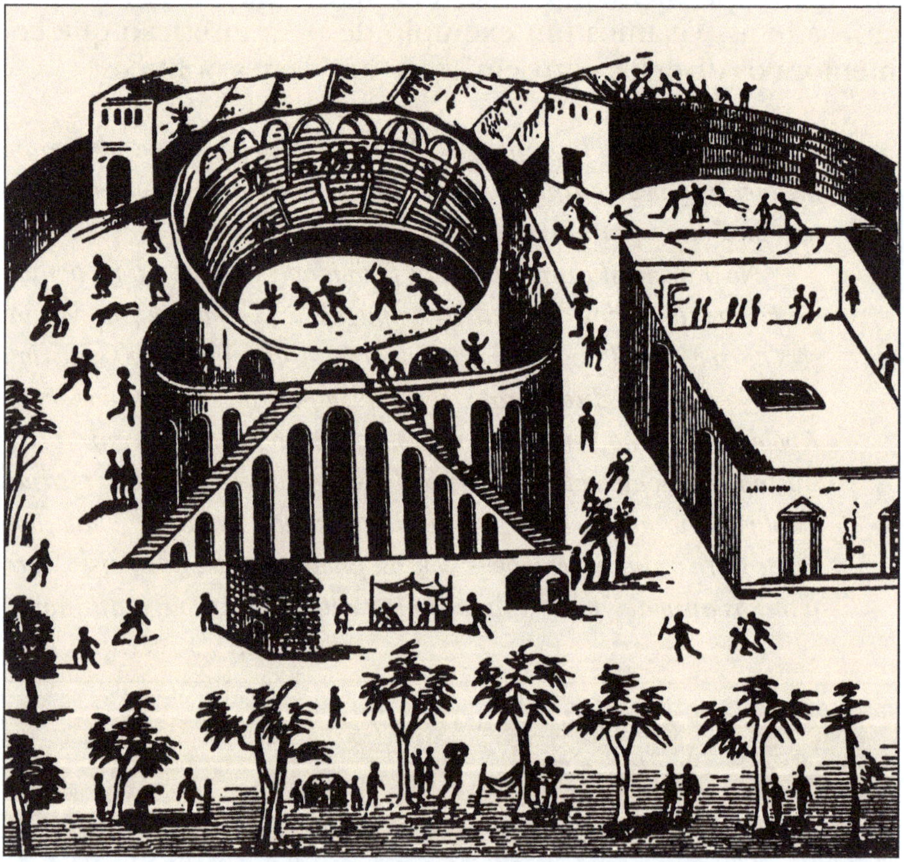

Reprodução de uma briga no anfiteatro de Pompeia, em 59 d.C. (Étienne, 1970, p. 370.)

Os torcedores rabiscavam, com frequência, as paredes do anfiteatro para representar seus ídolos e assinalar o número de vitórias que acumulavam. A explicação para a popularidade das lutas encontra-se na associação entre religiosidade e manutenção da ordem social que esses espetáculos encerravam. O sacrifício humano a deuses específicos em festas cívicas patrocinadas pelas autoridades representava uma maneira de escravos e pobres superarem as mazelas e os sofrimentos do seu dia a dia. A palavra *sacrifício* já diz tudo. Os cristãos, que mais tarde se opuseram, frontalmente, a esses jogos, apenas conseguiram combatê-los substituindo o sacrifício e o sangue real dos gladiadores pelo sacrifício e sangue celebrados ritualmente na eucaristia. Jesus, morto em sacrifício pelos homens, passa a consolar os pobres. Isso demonstra bem como os jogos de gladiadores cumpriam um papel fundamental de manutenção da ordem social, e seu abandono só ocorreria com a sua substituição por algo que mantivesse, ao menos no plano das ideias, a noção de sacrifício pela comunidade.

CAPÍTULO 5

Casa e casamento

Casamento e família

A sociedade romana estruturava-se em torno da família, termo que compreendia não apenas pai, mãe e filhos, mas também os escravos, a casa, os animais e todos os bens sob o controle do chefe da família: o pai. Todo o parentesco estruturava-se na oposição entre pai e mãe e seus parentes. Os parentes do pai, que definia a identidade dos filhos e estabelecia os vínculos de herança, nome, culto, residência, eram severos. Os tios e avós paternos eram distantes e exigentes. Os parentes do lado materno, sem vinculações institucionais, já que as crianças não herdavam bens, nome, culto e residência da mãe, estabeleciam relações muito mais ternas com seus afilhados, netos e sobrinhos.

Essa caracterização serve para famílias ricas e pobres, plebeias e patrícias. O casamento formal, contudo, variava conforme a situação social dos noivos. Cícero descreve as limitações aos casamentos entre patrícios e plebeus:

> *Enquanto mesmo as alianças entre duas nações são permitidas, os decênviros* proibiram, de maneira vergonhosa, o matrimônio entre as duas ordens do povo romano, patrícios e plebeus. Essa proibição levou, mais tarde, ao plebiscito* de Canuleio.*
>
> (*República*, cap. II, versículo 37.)

Segundo a tradição, a Lei Canuleia, de 445 a.C., permitiu o casamento de patrícios e plebeus, antes disso proibido. De qualquer forma, o casamento continuou a ser diferente para ricos e pobres. Gaio descreve o matrimônio tradicional da seguinte maneira:

> *Antigamente, as mulheres podiam ser propriedade de um homem de três maneiras: por uso ou posse; por casamento tradicional; ou por compra. Pela posse, uma mulher tornava-se propriedade do marido após um ano de vida em comum; nesse caso, era como se, após um ano, passasse a ser propriedade por usucapião* e, na família do marido, era considerada como uma filha. É por isto que a Lei das Doze Tábuas [de 450 a.C.] previa que, se uma mulher não quisesse, dessa forma, passar ao poder do marido, deveria ficar fora de casa três noites a cada ano, de modo a interromper a posse de seu marido. Mas tudo isso foi, em parte, abolido por algumas leis e, em parte, abandonado pelo desuso.*
>
> *As mulheres podem, ainda, casar-se tradicionalmente, "pela farinha", como se diz. Esse nome deriva da cerimônia de casamento: faz-se a oferenda de um pão de farinha a Júpiter*, o Protetor da Farinha. Esse matrimônio legal exige, ainda, o cumprimento de uma série de formalidades e ritos, acompanhados de determinadas palavras solenes, na presença de dez testemunhas ou padrinhos. Esse costume ainda está em vigor, pois os grandes sacerdotes flâmines* — ou seja, os de Júpiter, Marte* e dos Quirinos —, bem como os sumos sacerdotes, só podem ser escolhidos dentre os filhos de matrimônios oficiais. Eles também só podem obter o sacerdócio se se casarem oficialmente, "pela farinha".*
>
> *Por fim, as mulheres podem casar-se por compra, através de uma venda simbólica, imaginária. Na presença de, ao menos, cinco testemunhas ou padrinhos, cidadãos romanos, maiores de idade, assim como de uma pessoa que segure em suas mãos uma balança. O noivo compra, simbolicamente, sua esposa com uma moedinha de bronze.*
>
> (Op. cit., cap. I, versículos 108 -114.)

A grande maioria da população casava-se de maneira mais simples e informal: decidiam viver juntos e, após um ano, eram considerados casados. A grande diferença, como mostra o documento, estava na posição da esposa, que passava à família do marido. A sociedade romana era patriarcal: todo o poder estava com o pai de família, e a esposa era considerada, formalmente, como sua propriedade. Na prática, a mulher romana tinha diversas prerrogativas, algumas citadas por Gaio: podia viver com um homem, constituir família e não passar à família do homem, não se casando oficialmente.

O casamento "pela farinha", de caráter religioso e político, era o matrimônio da reduzida aristocracia romana: apenas esse tipo de união garantia a nobreza da linhagem de sangue. A cerimônia de compra simbólica representa um terceiro tipo de casamento. Menos informal e menos popular do que o reconhecimento do vínculo conjugal por uso ou posse, não possuía a complexidade da união "pela farinha", sendo o casamento próprio dos plebeus enriquecidos. Dessa forma, podemos encarar os três tipos de casamento como representativos de três grandes grupos sociais: pobres, ricos e nobres.

A pintura de um casal, feita na parede interna de uma casa de Pompeia, permite-nos observar que havia o costume, ao menos em se tratando da "classe média", de registrar o casal em sua intimidade. A esposa segura uma pena e tabuetas de escrever, enquanto o marido aparece com um manuscrito na mão direita. O homem, com barba e bigodes crespos, lábios e nariz salientes, representa um tipo físico ainda comum no sul da Itália. Segundo alguns, o manuscrito em posse do marido seria a certidão de casamento. Mas a pena e as tabuetas, com a esposa, e o manuscrito, com o marido, não seriam uma alusão a um casal de intelectuais?

Pintura no interior de uma casa, em Pompeia, do século I d.C. O casal é apresentado segurando um manuscrito e uma pena. (Andrews, 1990, p. 28.)

Em geral, no entanto, aquilo que os homens elogiavam nas esposas não eram seus dotes intelectuais, mas suas qualidades como donas de casa. Um elogio fúnebre a uma senhora datado do ano 2 a.C. demonstra quais os pontos destacados em uma boa "rainha do lar":

> *Suas qualidades domésticas, virtude, docilidade, gentileza, bom caráter, dedicação ao tricô, piedade sem superstição, discrição nas roupas e na maquiagem, por que relembrá-las? Por que falar do seu carinho e devoção aos familiares, já que você tratava tão bem meus pais quanto os seus [...]*
>
> ("Elogio fúnebre a Túria", versículos 5-25. Apud J. Imbert et alii, op. cit., p. 245-6.)

"Quem casa quer casa"

A grande maioria dos romanos constituía famílias informais e vivia na pobreza. As habitações familiares dessa massa não eram confortáveis. Além disso, havia muitas diferenças entre os habitantes de variadas cidades e regiões. Roma, uma cidade imensa e bem dotada de serviços públicos, como banhos, padarias, lojas de todo tipo, serviços médicos, água encanada, esgoto e iluminação noturna, era, certamente, uma exceção. Mesmo ali os pobres viviam em apartamentos pequenos, em grandes edifícios com até seis andares de altura, correndo riscos que iam do desabamento ao incêndio. Em cidades menores havia menos riscos, mas também menos riqueza e, portanto, menor rede de serviços públicos. A vida dos pobres no campo era bem mais ingrata. Os escravos que trabalhavam no campo tinham a pior sorte, e todo tipo de dificuldades se opunha à constituição de famílias entre os escravos. O romancista Apuleio (120-180 d.C.) descreve as condições miseráveis dos trabalhadores de um moinho nos seguintes termos:

> *Que grupo de criaturas miseráveis tomava conta dos animais, no moinho! A pele de cada um deles estava marcada com cicatrizes antigas, como se podia observar através dos grandes furos em suas*

vestes que mal cobriam suas costas; alguns vestiam apenas um calção. Tinham letras marcadas nas testas, cabeças meio raspadas e estavam presos por grandes correntes, que pesavam sobre seus pés. Eram todos assustadoramente pálidos; seus olhos, com grandes olheiras, pareciam cozidos pela fumaça quente que, vinda dos fornos, acabava por transformar o ambiente numa caldeira. Além disso, estavam todos sujos com uma espessa camada de farinha.

(Op. cit., cap. XIII.)

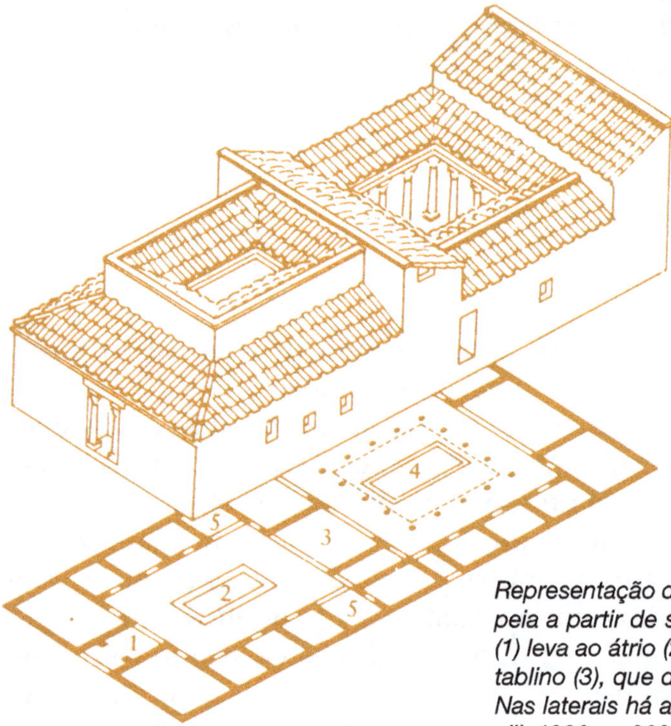

Representação de uma casa de Pompeia a partir de sua planta. A entrada (1) leva ao átrio (2), atrás do qual há o tablino (3), que dá para o peristilo (4). Nas laterais há alas (5). (Boardman et alii, 1990, p. 309.)

Uma minoria, contudo, vivia em casas amplas e confortáveis. Essas são as que melhor conhecemos, já que as habitações dos pobres, muito precárias, deixaram menos vestígios arqueológicos e, também, sempre despertaram menos atenção dos estudiosos modernos. A mansão romana voltava-se para dentro, contando com duas aberturas, no teto, para o exterior. O exemplo de uma casa de Pompeia demonstra que se tinha acesso ao interior por uma pequena entrada. Chegava-se, então, ao átrio*, que contava com uma pequena piscina onde se captava a água de chuva que entrava pela abertura no teto. Isso permitia iluminar os diversos aposentos que davam para o átrio: quartos de dormir, escritórios, depósitos, salas de jantar, um par de salas onde ficavam os bustos ou as máscaras dos antepassados da família e que compunham uma espécie de altar doméstico, as alas*. Atrás do átrio, separado por uma cortina ou por um biombo, estava a principal sala de visitas, o tablino*. Mais ao fundo estava o peristilo*, um grande jardim cercado por colunas. Em geral, havia outros tantos aposentos que davam para essa fonte de luz natural, como salas de estar e salões para banquetes.

Nesses ambientes ocorriam banquetes semelhantes a este, descrito por Petrônio:

> *Nem bem sentamos à mesa e alguns escravos de Alexandria verteram, sobre nossas mãos, água gelada, enquanto outros, ajoelhados a nossos pés, limpavam nossas unhas com grande habilidade. Todos eles faziam isso e cantavam, ao mesmo tempo. Pedi algo para beber e logo um escravo, cantando um pouco diferente, serviu-me. Sempre estavam cantando e parecia um coro de uma peça teatral, não algo doméstico.*
>
> *Logo começou a servir-se a entrada aos vários convidados, já sentados, à exceção do dono da casa, Trimalcião, ao qual se reservava o lugar de honra. No meio, havia um asninho de bronze coríntio com azeitonas verdes e negras. Estava coberto por dois pratos, com o nome de Trimalcião e um peso de prata. Pequenas pontes ligadas entre si sustentavam molhos de mel [...]*
>
> (Op. cit., cap. 21.)

Essas linhas do romance já permitem imaginar a sofisticação desses banquetes, nos quais até água gelada era servida. As mansões contavam com água encanada, esgoto, iluminação por candelabros e lustres, banhos, mobília luxuosa, estatuaria, pintura nas paredes e tetos, mosaicos no chão. Essa decoração interior apresentava uma grande variedade de temas: como já vimos, havia representações da família que morava na casa, assim como cenas mitológicas, teatrais, históricas e religiosas. As representações de jardins nas pinturas romanas revelam o caráter interior da vida doméstica dessa elite, assim como seu gosto pela reclusão. A imitação do jardim na pintura servia como substituto das plantas reais, que nem sempre o dono da casa poderia cultivar num jardim interno. Servia também como lembrança, a todos, de que os donos da casa podiam ter o jardim que quisessem (ao menos na forma de pintura). Esse costume difundiu-se, especialmente a partir de Augusto (30 a.C.-14 d.C.), em grande parte devido ao crescente isolamento dos ricos, que buscavam, em suas casas, escapar do convívio com a massa.

Segundo Vitrúvio, as paredes deviam ser pintadas com temas agradáveis:

> *Para outros aposentos, usados na primavera, no outono e no verão, e também nos átrios e peristilos, princípios claramente definidos para a pintura de objetos foram derivados, pelos antigos, de modelos realmente existentes na natureza. Pois uma pintura é uma imagem de algo que existe na realidade ou, ao menos, que pode existir — por exemplo, homens, edifícios, barcos e outras coisas com forma bem definida e existentes no mundo real, a partir dos quais as representações tomam inspiração. Seguindo esse princípio, os antigos começaram a imitar diferentes variedades de revestimento de mármore.*
>
> *Com o passar do tempo, tornaram-se tão capazes que imitaram edifícios inteiros [...] Passaram a pintar paisagens, tal como portos, promontórios, praias, rios, bicas d'água, estreitos, santuários, montanhas, rebanhos e pastores. Há, também, representações de imagens de deuses ou narrando episódios mitológicos, cenas da Guerra de Troia ou das viagens de Ulisses, em diferentes paisagens.*
>
> (*Sobre a arquitetura*, livro VII, capítulo 5, versículos 1-7.)

Esse era o ambiente refinado das casas luxuosas. Deixando essas mansões, nos deparamos com vestígios de um tipo de aposento que, raro em casas populares, era indispensável e, portanto, acessível a todos graças às construções públicas: os banheiros. As latrinas públicas eram coletivas. Os usuários limpavam-se com esponjas individuais, que eram molhadas seja em grandes vasos coletivos, ao centro do aposento, seja em jarros individuais.

Restos arqueológicos de uma latrina ou banheiro em Housesteads, na Inglaterra (século II d.C.). Ao centro, estão os vasos, que eram carregados de água. (Hodge, 1977, p. 32.)

Representação de uma latrina pública.

CAPÍTULO 6

Da escola ao exército

Estudo e escola

Os romanos tinham um aprendizado variável conforme a classe social e segundo o sexo. Os meninos ricos normalmente contavam com preceptores, uma espécie de professores particulares, que ensinavam uma série de disciplinas. Aprendiam não apenas a ler e escrever, como estudavam o grego, muitas vezes antes do próprio latim. Há quem diga que os romanos cultos sentiam-se até mesmo mais à vontade falando o grego. Usam como argumento o fato de que, na hora do aperto, recorriam ao grego, xingavam e se alegravam em grego. É difícil saber até que ponto isso era verdade. César (século I a.C.), segundo Plutarco em sua biografia do general romano, ao ser assassinado pelos senadores, teria resistido até enxergar, entre os conspiradores, seu amigo Bruto. Nesse momento, ele disse, em grego, a famosa frase, normalmente traduzida como "Até tu, Bruto, meu filho?".

Segundo a interpretação tradicional, Bruto teria sido chamado de filho como sinal da grande amizade que lhe tinha Júlio César, o qual, ainda segundo essa versão, teria deixado de resistir, tão chocado ficara com a traição. Mais recentemente, os historiadores têm proposto uma outra tradução da fala de César, que seria: "Que te aconteça o mesmo, pirralho!". Isso porque a frase que César disse, em grego, era um xingamento de uso corrente. Esse caso demonstra que os documentos devem ser necessariamente interpretados e como podem ter seu sentido completamente transformado por uma nova interpretação. Ao mesmo tempo, e no que se refere à educação da elite romana, pode se perceber a que ponto chegava a erudição desses senhores. Aliás, nada mais distante daquela visão, que vimos na introdução, segundo a qual os romanos eram pouco afeitos ao estudo e à reflexão.

Um autor do século II d.C., Plínio, o Jovem, descreve, em uma de suas cartas, seu tio Plínio, o Velho, e sua dedicação ao estudo. Acompanhemos suas palavras:

> *Meu tio começa a estudar à luz de velas, já antes do sol raiar, no verão; no inverno, entre meia-noite e duas da manhã. Ele se acostumara a intercalar suas horas de estudo com sonecas. Após um leve café da manhã, tomava um banho de sol no verão, se havia tempo, e ouvia a leitura, em voz alta, de um livro, enquanto fazia anotações. Sempre copiava passagens, dizendo que nenhum livro era tão ruim que não tivesse algo que prestasse, em alguma parte. Depois tomava um banho frio, almoçava algo leve, fazia uma pequena sesta e, logo após, como se fosse outro dia, recomeçava a trabalhar até a hora de jantar. Durante o jantar, ouvia leituras e ditava notas rápidas. Lembro-me de uma vez em que o leitor pronunciou algo errado e um convidado ao jantar pediu que o escravo voltasse e repetisse, agora corretamente. "Você o entendeu, não?", disse meu tio. O amigo concordou com a cabeça. "Então, por que pediu que repetisse? Sua interrupção nos custou dez linhas!". Tal era sua economia de tempo! Tinha o costume imutável de, no verão, acabar o jantar antes do pôr do sol e, no inverno, no máximo uma hora após o anoitecer. Tudo isso apesar de seus deveres oficiais e do barulho do tráfego na cidade.*
>
> *No campo, não estava estudando apenas durante o banho; mesmo enquanto se despia ou quando já estava sendo secado, ouvia uma leitura ou, então, ditava algo. Nas viagens, sem outras preocupações, concentrava-se nos estudos, tendo sempre ao seu lado um secretário com um livro e um caderno de anotações. No inverno, usava luvas, para que nem mesmo o frio intenso lhe roubasse o tempo. Em Roma, usava uma liteira. Lembro-me que me criticava por caminhar a pé: "Não desperdice essas horas". Pensava que todo tempo não gasto no estudo era desperdício. Com tal ritmo, produziu 102 volumes e deixou, ainda, 160 cadernos de anotações, escritos dos dois lados, em letra miúda.*
>
> (*Cartas*, livro III, carta 5, versículos 8-17.)

Ainda que se deva descontar certo exagero do sobrinho, parece claro que o romano das classes altas devia ter conhecimentos bastante variados, da agricultura à astronomia, da religião à geografia, da matemática à arquitetura.

A grande maioria da população, por outro lado, não podia dedicar-se, como Plínio, o Velho, em tempo integral ao estudo. Ao contrário, o trabalho, para pobres e escravos, tomava a maior parte do tempo, e alguns ofícios, como o trabalho agrícola, pouco conhecimento formal e escolar exigia. No entanto, os trabalhadores do artesanato deviam possuir, ao menos, certos conhecimentos técnicos. Não sabemos, exatamente, como aprendiam as crianças pobres: há quem sugira a existência de escolas e professores populares que, de uma forma ou de outra, ensinavam os pequenos. No ginásio de esportes Grande Palestra, em Pompeia, parece que havia uma dessas escolas populares, a julgar pelos grafites nas suas paredes. Um deles diz o seguinte:

> *Quem me pagar pelo ensino, receba dos deuses o que pedir.*
>
> (*CIL*, v. IV, inscrição 8 562.)

A frase poderia ter sido escrita por um professor, que, dessa forma, estaria reclamando do atraso no pagamento. Ou, então, por um aluno que estaria cobrando pela ajuda prestada aos colegas, sendo essa talvez uma interpretação mais plausível, em vista de que é mais plausível um estudante rabiscar a parede do que um professor. Ou, ainda, podia ser a cola de um ditado do próprio professor!

Em outra escola, em Roma, há duas pichações interessantes:

> *Fui bem!*
> *Me dei mal!*
>
> (Apud Mateo Della Corte, *Case ed abitanti de Pompei*, p. 123.)

Devem referir-se à sorte de alunos nas provas, ora positiva, ora nem tanto.

Embora não tenhamos detalhes sobre o funcionamento dessas escolas — e nem mesmo sabemos se escola seria um nome apropriado para tais instituições —, é certo que havia um grau de alfabetização relativamente elevado, especialmente nas cidades. A existência de milhares de rabiscos ou pichações em paredes, escritos em um latim popular, bem diferente do erudito, demonstra a extensão do domínio da escrita. Até mesmo o grego aparece, às vezes, nesses grafites, como no caso de alguém que propôs uma charada:

> *Como se chega à razão, à memória e à graça? ABCDEFGHIJK.*
> (*CIL*, v. IV, inscrição 8 009.)

Ou seja, através do estudo, da alfabetização, chega-se à razão, à memória e ao prazer. Mesmo numa parede, vemos uma pessoa qualquer teorizar e, por que não, mostrar que se filosofava, em grego, também nas camadas populares.

"Cidadão romano, soldado romano"

Originalmente, e por mais de setecentos anos, cidadania e exército foram sinônimos, e o cidadão definia-se como soldado. Apenas a partir de 111 a.C. o exército passou a ser profissional, deixando de congregar *todos* os romanos, homens adultos. Mesmo depois disso, o serviço militar continuou sendo fundamental para os romanos. Durante séculos, do IX a.C. ao I d.C., as legiões romanas conquistaram povos, escravizaram cidades e regiões inteiras. Ao mesmo tempo, o exército romano sempre serviu como meio de incorporação de estrangeiros à cidadania, seja acolhendo-os como forças auxiliares, seja com sua incorporação à estrutura formal das forças armadas romanas.

A partir da época de Augusto (30 a.C.-14 d.C.), com a chamada Paz Romana, o exército passou a atuar principalmente como força de manutenção da paz. Estacionadas nas fronteiras, as tropas serviam, antes de tudo, como uma organização burocrática de controle da população fronteiriça. Os legionários viviam em fortes e, como oficialmente não podiam casar-se, mantinham uniões com mulheres locais e constituíam famílias informais. A esposa e os filhos viviam em casas nas vizinhanças do acampamento militar. Ao se aposentarem, passavam a viver com a família e tinham o casamento reconhecido. Uma lápide funerária encontrada em Wroxeter, datada do século I d.C., na Inglaterra, permite-nos observar a vida de um desses legionários:

> *Gaio Mânio Segundo, filho de Gaio, da tribo Pólia, de Polêntia, na Itália, soldado da XX legião, jaz aqui, falecido aos 52 anos de idade, com 31 anos de serviço no exército, auxiliar do comandante.*
>
> (R. G. Collinwood & R. P. Wrigh, *The Roman Inscriptions of Britain (RIB)*, inscrição 293.)

Esse soldado serviu dos 21 aos 52 anos, tendo falecido como auxiliar do comandante em uma região distante da sua terra natal. Homens como esse deviam pagar as diversas despesas. Nesses acampamentos, havia uma grande quantidade de documentos armazenados. Havia tabuinhas e papiros, dependendo do local onde se localizava a guarnição e da disponibilidade de matéria-prima. Possuímos diversas tabuinhas preservadas, graças a características excepcionais do solo de alguns lugares. Uma tabuinha encontrada em uma escavação em Carlisle, no norte da Inglaterra, refere-se a um recurso utilizado pelos legionários para fazer frente aos seus gastos: o empréstimo.

> *Sendo cônsul pela oitava vez o imperador Domiciano, no sétimo dia antes dos idos de novembro [7 de novembro de 83 d.C.], Quinto Cássio Segundo, soldado da XX legião, da centúria* de Cálvio Prisco, escreve que devo a Gaio Gemínio Mansueto, soldado da mesma legião, da centúria de Vétio Próculo, cem denários, que eu pagarei [em tal data e com tal juro].*
>
> (Apud R. S. O. Tomlin, The Twentieth Legion at Wroxeter and Carlise in the First Century: The epigraphic evidence, *Britannia*, nº 23, p. 141-58.)

Um outro tipo de preocupação dos soldados referia-se às promoções. No acampamento romano de Vindolanda, na Inglaterra, foram encontradas diversas tabuinhas, bem conservadas graças à umidade do solo. Uma delas demonstra como eram essas cartas de recomendação:

> *Caro, para Cereal, saudações.*
>
> *Brigônio pediu-me, meu senhor, para recomendá-lo ao senhor. Peço-lhe, meu senhor, que, se lhe pedir algo, o senhor o aprove e autorize. Peço-lhe que o senhor considere apropriado recomendá-lo a Ânio Equestre, centurião à frente do comando regional, em Luguválio. Ao fazê-lo, estarei em débito para com o senhor tanto em seu nome como no meu próprio. Espero que esteja gozando da melhor sorte e que esteja em boa saúde.*
>
> *Até logo, irmão.*
>
> *Para Cereal, o comandante.*
>
> (Apud A. K. Bowman & J. D. Thomas, *The Latin Writing tablets*, 106-7.)

O comandante da guarnição recebe um pedido de recomendação de um certo Caro, em favor de um soldado chamado Brigônio. Pede que o comandante de Vindolanda, Cereal, o recomende para o comandante regional, em outra guarnição, em Luguválio. Esse tipo de pedido devia ser muito comum e demonstra a mobilidade dos soldados nos diferentes setores do exército.

Outra preocupação dos militares era com seus objetos de uso pessoal. Uma outra tabuinha dizia o seguinte:

> *Enviei-lhe dois pares de meias de Satua, dois pares de sandálias e dois pares de cuecas, mais dois pares de sandálias. Envie meus cumprimentos para Élpis, Tétrico e todos os seus companheiros de acampamento, com os quais espero você viva muito feliz.*
>
> (Apud A. K. Bowman & J. D. Thomas, op. cit., p. 135-6.)

Sandálias e cuecas, contudo, não eram os únicos objetos comprados pelos soldados. Em outra tabuinha, encontramos o seguinte:

Um amigo me enviou 50 ostras de Cordonovi.

(Idem, p. 135-6.)

Nesse caso, 50 ostras serviriam para o preparo de pratos mais ou menos sofisticados, o que atesta a riqueza, relativa, desses soldados.

Esses documentos demonstram, também, como o exército romano era um corpo burocrático bem organizado e como, no seu dia a dia, os soldados mantinham relações comerciais e trocavam cartas. Nada mais distante, portanto, daquela ideia tradicional segundo a qual o soldado romano era abrutalhado e ignorante.

CAPÍTULO 7

Os cuidados do corpo e da alma

Escritos pessoais

Os romanos gostavam de escrever. Os pobres, que não tinham acesso aos livros, cadernos, papiros ou outros meios de expressão caros, usavam estiletes e escreviam nas paredes. Aí escrevia-se de tudo, de caricaturas a cartas de amor, de poemas a xingamentos. Um bom exemplo do uso da parede para expressar pensamentos populares é a seguinte pichação:

> *A alma é propensa a tomar as coisas que lhe são de direito e doá-las. Se você também seguir esse costume, a alma de Vênus lhe satisfará os seus desejos e lhe fará prosperar com a sua proteção.*
>
> (*CIL*, v. IV, inscrição 8 711.)

Vênus, a deusa do amor, é evocada como uma força sobrenatural que garante a recompensa da abnegação e do amor ao próximo. Isso demonstra, ainda, que tanto a alma humana como o amor, personificado na deusa Vênus, eram atendidos enquanto forças não só egoístas, presentes na satisfação dos prazeres, como, também, altruístas. Um outro tipo de expressão pessoal popular encontra-se nos documentos religiosos descobertos nos templos romanos. Acreditava-se que, por meio de uma espécie de carta, escrita diretamente aos deuses, seria possível obter as graças das divindades. Um bom exemplo é uma carta escrita por um certo Honorato, para o deus Mercúrio*.

Essa carta, em uma folha de chumbo, foi encontrada no templo de Mercúrio, em Uley, na Inglaterra, e deve datar do século II ou III d.C. Como se vê pela ilustração desta página, era uma carta escrita pelo próprio fiel, que, aliás, introduziu até algumas correções no seu texto, acrescentando pedaços de palavras acima do alinhamento. O texto de Honorato é o seguinte:

> *Honorato, para o deus Mercúrio.*
>
> *Queixo-me à sua divindade de um roubo de duas rodas e quatro vacas, assim como diversos pequenos bens pessoais, retirados do meu casebre.*
>
> *Peço ao espírito da sua divindade que não permita que a pessoa que me fez mal tenha saúde, nem permita que deite, sente, coma ou beba, seja homem ou mulher, garoto ou garota, escravo ou livre, enquanto não me devolver o que a mim pertence e que se reconcilie, assim, comigo. Com reiteradas preces, peço à sua divindade que meu pedido faça, imediatamente, justiça, graças ao seu poder.*

(Apud Mark Hassal, "Roman inscription at Uley", *Britannia*, nº 23, p. 311.)

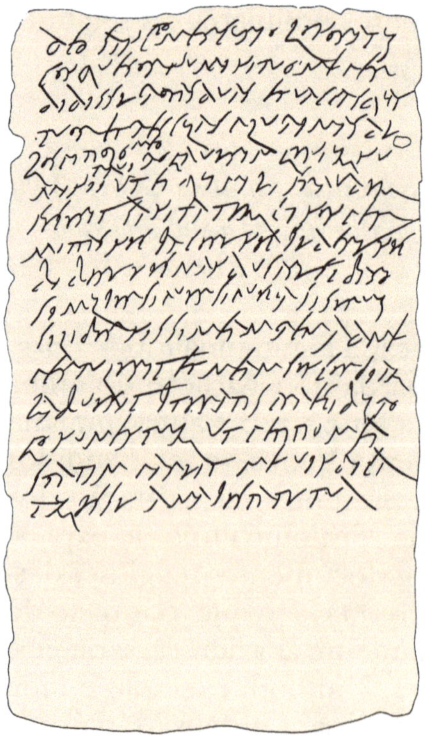

*Carta em folha de chumbo, encontrada no templo do deus Mercúrio, em Uley, Inglaterra, do século II ou III d.C. Um certo Honorato pede ao deus a restituição de bens que lhe foram roubados. (*Britannia*, nº 23, 1992, p. 311.)*

Mercúrio foi evocado por Honorato para que não deixasse o ladrão ileso. Os romanos acreditavam que, através de cartas como essa, podiam fazer uma espécie de contrato com os deuses, quase obrigando-os a cumprirem o que foi pedido. Além disso, contavam com pragas rogadas, como nesse caso, para prejudicar aqueles que haviam rompido as regras sociais. Toda a linguagem dessas cartas era de caráter tradicional e até jurídico, o que explica as repetições "homem ou mulher, garoto ou garota, escravo ou livre". Com isso, o suplicante procurava evitar a burla da ação reparadora por Mercúrio.

Sabemos que essa carta foi escrita por alguém do povo pelas palavras usadas e pelo emprego da palavra "casebre" para referir-se à sua casa. Documentos como esse comprovam, mais uma vez, que o número de pessoas alfabetizadas devia ser mais elevado do que em geral se pensa.

A elite também escrevia e, como vimos pelo exemplo de Plínio, o Velho, no capítulo anterior, estava acostumada a ditar cartas e anotações para seus escravos. Em geral, esses secretários eram especialistas em caligrafia, e os autores intelectuais dos textos, aqueles que ditavam, apenas assinavam a correspondência, ao final. Escrevia-se em papiros e em tabuinhas, dependendo da disponibilidade da matéria-prima. No Egito romano, por exemplo, usava-se papiro, ali abundante. Já na Europa, o uso de tabuinhas de madeira era generalizado. Escrevia-se com penas e tinta, em geral preta. Havia diversos modelos de penas de madeira.

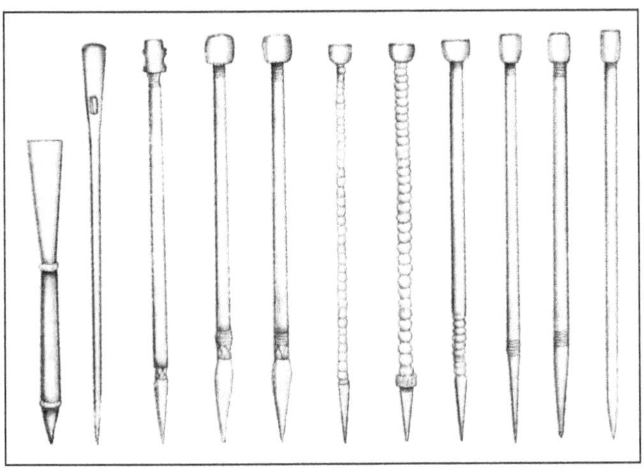

Instrumentos usados pelos romanos para escrever em tabuinhas de cera. (Birley, 1990, p.4.)

As tabuinhas eram produzidas em larga escala e sabemos que o exército, por exemplo, costumava confeccionar modelos de 18 por 9 centímetros, com menos de 1 milímetro de grossura, a partir de madeira de bétula e amieiro. Eram cortadas, com uma faca ou alguma ferramenta especial, do tronco dessas árvores quando pequenas. Eram ressecadas e tratadas para que pudessem receber tinta sem causar manchas e borrões.

Nessas tabuinhas escrevia-se de tudo. Como vimos no capítulo anterior, falava-se de meias a cartas de recomendação. Contudo, o número de tabuinhas ainda com tinta que foram preservadas é muito pequeno, já que a madeira é altamente perecível. Um desses raros documentos é ainda mais precioso por tratar-se de carta de uma mulher. Da Antiguidade não nos sobrou um só texto feminino, como já vimos na Introdução, e essa carta constitui, portanto, um exemplo único. Trata-se de uma carta achada em Vindolanda, Inglaterra, escrita pela esposa do comandante do forte romano por volta do ano 100 d.C.:

> *[Escrito pela mão de um secretário:]*
>
> *Cláudia Severa, para sua amiga Lepidina, saudações.*
>
> *Convido-a, com grande prazer, para vir aqui no dia 11 de setembro, para celebrar meu aniversário. Sua presença fará esse dia muito mais agradável.*
>
> *Cumprimente o seu marido Cereal. O meu marido Élio manda saudações para você e os seus filhos.*
>
> *[Escrito por Severa, de próprio punho:]*
>
> *Espero sua vinda, amiga.*
>
> *Tchau, amigona, grande companheira, que tudo corra bem com você, minha querida amiga, saudações.*
>
> *[Endereço, no exterior:]*
>
> *Para Sulpícia Lepidina*
>
> *Esposa de Flávio Cereal*
>
> *De Severa*
>
> (Apud Robin Birley, *The Roman documents from Vindolanda*, p. 124.)

Mesmo que se tratasse de uma simples troca de correspondência entre duas senhoras que viveram em Roma seria já algo excepcional, pois é a mais antiga carta escrita em latim por uma mulher que nos chegou. Os aniversários eram, sempre, ocasião para comemorações, e procurava-se convidar amigos chegados para a festa. No caso desse documento, um secretário profissional escreveu o corpo da carta, e Severa acrescentou as saudações finais de próprio punho. É interessante observar como, mesmo no acampamento militar, havia uma vida familiar que incluía festas e comemorações.

Um papiro encontrado no Egito, e datado do primeiro ou segundo século depois de Cristo, contém o apelo de uma proprietária de escravos pedindo uma indenização a um condutor de jumentos estabanado. Ele havia atropelado e ferido gravemente uma garotinha que ia tomar aulas de canto. No processo, a senhora queixosa escreveu:

> *Amava e cuidava desta pequena ajudante, uma escrava nascida em minha casa, na esperança de que, quando ela crescesse, tomaria conta de mim na minha velhice, já que sou uma mulher só e desamparada.*
>
> (Apud J. Gardiner, org. *What is history today?*, p. 124.)

Esse documento apresenta uma série de características da vida pessoal romana. Em primeiro lugar, percebe-se que as mulheres, ainda que donas de escravos, continuavam frágeis e "desamparadas", para citar o próprio papiro. Em segundo lugar, a fragilidade das pessoas, em geral, em termos de sua saúde, fica clara no estrago causado por um simples atropelamento. Em terceiro lugar, a velhice não era atingida facilmente, já que se morria cedo, e quando se chegava a uma idade avançada havia, sempre, a preocupação com os cuidados que o idoso requereria. Por fim, talvez o mais surpreendente nesse texto seja a relação afetiva entre a senhora e a escrava. A patroa amava a menina, cuidava da sua educação e contava com a afeição da garota em sua velhice. Embora não devamos generalizar e supor que sempre houvesse boas relações entre escravos e senhores, esse documento demonstra que a escravidão doméstica romana podia criar laços sentimentais entre escravo e senhor.

Também Sêneca, escrevendo no século I d.C., tecia considerações sobre essas relações. Embora devamos lembrar que nesse caso, como no da senhora que fez o pedido de indenização, seja o ponto de vista do proprietário aquele que nos chegou, tais textos atestam as ambiguidades e as tensões presentes nesse tipo de relacionamento:

> *Lembre-se, por favor, que o chamado "escravo" é um homem como você, vivendo sob o mesmo sol, respirando, movendo-se e sendo mortal como você! Durante a revolução de Mário [entre 104 e 86 a.C.], a sorte abandonou muitos nobres; alguns esperavam que o serviço militar os conduziria a altos cargos, mas uns foram reduzidos a pastores, outros tornaram-se posseiros no campo. Você pode desprezar a sorte de um escravo quando você pode ter o mesmo destino? Não desejo envolver-me na discussão do nosso tratamento dos escravos, que me parece demasiadamente severo, sádico e insultante. Meu conselho é simples: trate seus inferiores como desejaria ser tratado por seus superiores. Quando pensar que pode fazer o que quiser com seus escravos, lembre-se que o mesmo pode ser feito por seu patrão. "Mas", você me diz, "não tenho patrão." Há, ainda, uma longa vida a seguir: pode ter um, quando menos esperar.*
>
> (*Cartas*, XLVII, versículos 10 e 11.)

Assim, como no texto da senhora, Sêneca deixa claro que a relação entre senhor e escravo era instável. Nesse contexto, uma "amizade", um relacionamento afetivo entre patrão e escravo diminuiria bastante essas tensões.

O cuidado do corpo

A grande maioria da população romana tinha acesso apenas a banhos públicos e vestia-se modestamente. Petrônio descreve a ida de um camponês ao mercado:

> *Um camponês se aproximou, no mercado da cidade, e começou a examinar um manto. [...] O camponês estava disposto a vender sua túnica surrada como se fosse uma roupa de mendigo.*
>
> (Op. cit., cap. 12-13.)

A roupa do povo, portanto, era bastante simples, às vezes rasgada, e sempre usada por muito tempo. Nessas condições, não é de estranhar que só os ricos pudessem seguir a moda. Assim, no quarto de uma senhora romana, havia sempre espelhos de mão, decorados, vários perfumes e loções para maquiagem, além de broches, anéis, colares e pulseiras. Os cabelos recebiam atenção especial e os penteados eram sempre elaborados. Como se pode ver no relevo mostrado nesta página, a matrona* era atendida no seu preparo por diversas servas. Tingia-se com frequência o cabelo, sendo as "loiras de salão" particularmente populares. Os homens costumavam preferir barbearias. Assim, enquanto as mulheres tinham seu embelezamento feito em casa, no recato do lar, os homens o faziam fora de casa.

Relevo mostrando uma senhora romana sendo maquiada e penteada por escravas. (Corbishley, 1984, p. 26.)

Relevo mostrando o interior de uma loja de tecidos. (Corbishley, 1984, p. 27.)

Pintura da Casa da Farnesina, em Roma. (Salvatori Aurigemma. The baths of diocletian and The Museo Nazionale Romano. *Roma, Istituto Poligrafico dello Stato, 1958.)*

Um relevo* representando a visita de alguns homens a uma loja dc tecidos, reproduzido na página anterior, permite-nos observar as vestimentas masculinas. A roupa usual era um calção ou saiote, embaixo, e uma túnica em cima, como se vê na figura do comprador imediatamente diante dos dois vendedores de tecidos. No inverno, usavam-se calças de lã ou linho. Sobre a túnica, em geral usava-se algum tipo de agasalho. Os cidadãos romanos podiam usar a toga, uma manta circular de quase seis metros que, a partir dos ombros, envolvia o corpo. Na rua, a toga cobria a cabeça, como se fosse um lenço. No relevo, o homem mais à esquerda deixa à mostra sua toga.

As senhoras usavam túnicas, sendo que as casadas gostavam de vestidos longos, como se vê no relevo reproduzido também na página anterior. Enquanto os pobres andavam, via de regra, descalços, os romanos, quando podiam, usavam sandálias de diversos modelos. A sofisticação no trato pessoal fica bem evidente em uma pintura da Casa da Farnesina, em Roma. A garota, que verte azeite perfumado em um vasinho, mostra-nos seu tranquilo cuidado de si.

CAPÍTULO 8

O tempo passou e o mundo acabou...

O mundo romano, tal como aqui apresentado, deixou de existir em algum momento indeterminado. Ou melhor, com lentas mudanças, os séculos III a V d.C. testemunharam transformações que acabaram resultando no fim do Estado romano. Duas transformações simultâneas são sintomas e causas, a uma só vez, de uma certa continuidade cultural, por um lado, e de uma ruptura política, por outro. O Estado romano deixou de existir, mas o latim popular continuou a ser falado em diversas regiões. É por isso que, hoje, falamos uma língua derivada do latim, o português. A oficialização do cristianismo como religião, a supressão do paganismo e as invasões dos germanos e de outros povos explicam tanto as permanências como as rupturas.

São Jerônimo descrevia, em 396 d.C., como seu mundo romano, já cristão, entrava em desagregação:

> *Não descreverei catástrofes pessoais de alguns infelizes, mas a destruição de toda a humanidade, pois é com horror que meu espírito segue o quadro das ruínas da nossa época. Há vinte e poucos anos que, entre Constantinopla e os Alpes Julianos, o sangue romano vem sendo diariamente vertido. A Cítia, Trácia, Macedônia, Tessália, Dardânia, Dácia, Épiro, Dalmácia, Panônia são devastadas pelos godos, sármatas, quedos, alanos, hunos, vândalos, marcomanos; deportam e pilham a tudo. Quantas senhoras, quantas virgens consagradas a Deus, quantos livres e nobres ficaram na mão destas bestas! Os bispos são capturados, os padres assassinados, todo tipo*

de religioso perseguido; as igrejas são demolidas, os cavalos pastam junto aos antigos altares de Cristo, as relíquias dos mártires são desenterradas: "Em toda parte, há o luto, gemidos pela imagem de mortes incontáveis!". O mundo romano cai; contudo nossa cabeça teima em permanecer erguida. Qual o ânimo, agora, dos coríntios, atenienses, lacedemônios, arcádios, a Grécia toda, governada por bárbaros? Citei apenas algumas cidades nas quais houve, no passado, cidades-Estados importantes [...] [Percebemos que Deus está, há tempos, magoado e nada fizemos para aplacá-lo. É por causa de nossos pecados que os bárbaros são tão fortes, pelos nossos vícios que foi vencido o exército romano e, como se não fosse desgraça suficiente, as guerras civis matam quase mais do que a ação dos inimigos.

(São Jerônimo, *Cartas*, LX, versículos 16 e 17.)

O mundo romano de São Jerônimo era já um misto da cultura romana com o cristianismo. O último imperador romano do Ocidente foi Rômulo Augústulo, em 475-476 d.C. No Oriente, contudo, continuaram os imperadores bizantinos a tradição de chamarem-se romanos. Justiniano, tendo governado de 527 a 565 d.C., considerava-se um grande continuador e renovador dessa tradição:

Em nome de Nosso Senhor Jesus Cristo. O Imperador César Flávio Justiniano, conquistador dos Alamanos, Godos, Francos, Germanos, Ântios, Alanos, Vândalos, Africanos, pio, feliz, glorioso, triunfador, Augusto para sempre, dirige-se aos jovens que desejam conhecer o Direito: Nossa Majestade Imperial deve estar guarnecido de leis e não apenas de armas, pois tanto na paz como na guerra o barco do Estado deve ser corretamente conduzido. O Imperador Romano não apenas vence batalhas como também elimina, por processo legal, as injustiças dos malfeitores e é tão escrupuloso na administração da justiça como ao triunfar sobre os inimigos. Com vigilância constante e determinação e com a ajuda de Deus, conseguimos as duas coisas. As nações bárbaras derrotadas conhecem nosso poder militar [...] todos os povos estão, agora, regidos pelas leis promulgadas ou compiladas por nós. Tendo esclarecido, arrumado e uniformizado decretos imperiais [dos últimos sete séculos] antes em desordem, voltamos nossa atenção a inumeráveis volumes de jurisprudência antiga.

(*Institutas*, prefácio, versículos 1 e 2.)

Justiniano compilou todo o Direito Romano, produzido em séculos de legislação imperial, sendo esse texto parte do prefácio de sua obra. Os próprios nomes de Justiniano demonstram que ele queria ser considerado um imperador do início do Principado: chama-se César e Augusto, ambos do primeiro século a.C. Considera-se conquistador de povos bárbaros como os francos e os germanos, que, na prática, tinham total independência e não se consideravam seus súditos. No entanto, mesmo no Ocidente, a civilização medieval que surgia em oposição direta ao mundo romano caminhava para uma nova "romanização". Como vimos, São Jerônimo atribuía aos bárbaros o fim desse mundo romano, mas qual seria sua surpresa se soubesse que, quatrocentos anos depois, um rei bárbaro seria entronado pelo Papa como imperador romano!

No dia da natividade de Nosso Senhor [25 de dezembro de 801 d.C.], o rei, durante a missa, em Roma, ajoelhou-se ao ouvir a confissão do bem-aventurado apóstolo Pedro. Ao levantar-se, o papa Leão lhe colocou uma coroa na cabeça e foi aclamado por todo o povo romano: "Vida e vitória para Carlos, Augusto, grande e pacífico Imperador Romano". Após essas aclamações, foi chamado Imperador Augusto.

(*Anais dos reis francos*, ano 801 d.C., apud J. Imbert et alii, orgs., op. cit., p. 367.)

Carlos Magno, um germano, imperador romano, em 801 d.C.! As transformações que São Jerônimo testemunhara no final do século IV d.C. levaram a um novo mundo, às vezes ainda chamado romano. Não era mais, porém, o antigo mundo romano que percorremos juntos nestas páginas.

VOCABULÁRIO

Ala — Sala aberta na lateral do átrio.

Anfiteatro — Um teatro com plateia dos dois lados, de forma ovalada, usado como local de espetáculos públicos.

Apolo — Deus grego, símbolo da luz, beleza e razão.

Átrio — O principal aposento ou sala central de uma casa romana, com uma abertura no teto.

Basílica — Uma construção retangular usada como sede para a administração da Justiça e para outros negócios públicos.

Centúria — Companhia de cem soldados.

Clientelismo — Tipo de relação social baseado na amizade e no compadrio.

Cônsul — Magistrado supremo; a cada ano, dois cônsules exerciam a função ao mesmo tempo.

Decênviro — Membro de uma comissão de dez pessoas.

Duunvirato — Período de um ano em que se exercia o cargo de duúnviro.

Duúnviro — Cada um dos dois magistrados romanos que exerciam o poder conjuntamente.

Edil — Magistrado romano encarregado da inspeção e conservação dos edifícios públicos, entre outras atribuições.

Equícolas — Antigo povo itálico.

Estamento — Grupo de pessoas definido pela lei e não pela riqueza. Escravos e livres, nobres e plebeus são exemplos de estamentos, grupos juridicamente separados.

Flâmines — Sacerdotes encarregados de acender a chama do altar de cada divindade e de realizar o sacrifício.

Fórum — Espaço aberto, na cidade, usado como mercado ou como um centro cívico.

Gladiadores — Lutadores, originalmente, combatentes em cerimônias funerárias; com o passar do tempo, passaram a lutar nas arenas dos anfiteatros.

Grafite — Inscrição feita nas paredes com estilete ou com tinta, "pichação".

Júpiter — Deus da chuva, das tempestades e do trovão, identificado pelos latinos como o pai dos deuses olímpicos, Zeus.

Latim — Língua falada pelos romanos e da qual derivam o português, o espanhol, o italiano e o francês.

Legião — Corpo do exército, composto de infantaria e cavalaria.

Magistrado — Indivíduo investido de cargo público (magistratura).

Magistratura — Cargo público.

Marte — Deus da guerra, associado também à agricultura e identificado com o deus grego Ares.

Matrona — Senhora, dona de casa romana.

Mercúrio — Deus patrono dos mercadores e comerciantes.

Netuno — Deus dos mares.

Patrícios — Nobres romanos de sangue.

Peristilo — Um quintal ou jardim a céu aberto, cercado por colunas cobertas.

Plebe — O povo, o conjunto dos cidadãos comuns, por oposição à nobreza de sangue.

Plebeus — Homens da plebe.

Plebiscito — Decreto do povo reunido em comício.

PÓRTICO — Aposento amplo, com o teto sustentado por colunas.

PROCÔNSUL — Governador de uma província.

QUINQUENAL — Magistrado municipal romano, cargo cujo exercício durava cinco anos.

RELEVO — Escultura ou gravura trabalhada em relevo.

SARCÓFAGO — Monumento fúnebre na forma de um caixão.

SENADO — Assembleia de anciãos que tinham exercido magistraturas.

TABLINO — Grande aposento atrás do átrio, originalmente o principal quarto de dormir; depois, usado como escritório.

TRIÚNVIRO — Um dos membros de uma comissão de três magistrados.

USUCAPIÃO — Modo de adquirir propriedade pela posse ininterrupta de algo durante certo tempo.

VETO — Direito da plebe de vetar qualquer decisão do Senado ou dos magistrados.

ZEUS — Deus grego da luz e dos raios; Júpiter para os romanos.

CRONOLOGIA

a.C.

852 Fundação de Roma, segundo a tradição.
625-600 Chegada dos etruscos a Roma.
578-534 Reino de Sérvio Túlio.
509 Os Tarquínios são expulsos de Roma, início da República.
494 Primeira secessão dos plebeus. Estabelecimento dos tribunos da plebe com direito de veto.
471 Criação do Concílio da Plebe, por tribos.
451-450 Decênviros e Lei das XII Tábuas.
387 Gauleses derrotam os romanos e tomam a cidade de Roma.
367 Primeiro cônsul plebeu.
343-341 Primeira Guerra Samnítica.
328-302 Segunda Guerra Samnítica.
312 Construção da Via Ápia e da Aqua Ápia.
298-290 Terceira Guerra Samnítica.
264-241 Primeira Guerra Púnica.
241 Anexação da Sicília.
230 Anexação da Sardenha e da Córsega.
218-201 Segunda Guerra Púnica.
200-196 Segunda Guerra Macedônica.
171-168 Terceira Guerra Macedônica.
149-146 Terceira Guerra Púnica.
146 Destruição de Cartago e Corinto.
139-132 Primeira revolta dos escravos na Sicília.
133-122 Tribunados de Tibério e Caio Graco.
112-105 Guerra de Jugurta.
104-100 Segunda revolta dos escravos na Sicília.
91-87 Guerra Social ou dos Aliados Itálicos.
90 Lei Juliana confere direitos aos itálicos.
88 Sila marcha sobre Roma.

81 Ditadura de Sila.
73-71 Revolta dos escravos liderada por Espártaco.
60 Primeiro triunvirato de Pompeu, Crasso e César.
59 Primeiro consulado de Júlio César.
58-51 Conquista da Gália por César.
49-45 Guerra civil com vitória de César em Farsala.
44 Ditadura perpétua e assassinato de César.
43 Triunvirato de Antônio, Otávio e Lépido.
31-30 Otávio derrota Antônio e Cleópatra em Ácio.
27 Augusto imperador.
4 Nascimento de Jesus.

d.C.

14 Morte de Augusto.
14-37 Tibério imperador.
37-41 Calígula imperador.
41-46 Anexação da Mauritânia, na África, e da Bretanha.
41-54 Cláudio imperador.
54-68 Nero imperador.
68-69 Guerras civis.
69-79 Vespasiano imperador.
79-81 Tito imperador.
79 Destruição de Pompeia, Herculano e Estábia pela erupção do vulcão Vesúvio.
80 Inauguração do Coliseu, em Roma.
81-96 Domiciano imperador.
96-98 Nerva imperador.
98-117 Trajano imperador.
106 Anexação da Dácia, atual Romênia.
117-138 Adriano imperador.
122 Muralha de Adriano.
138-161 Antonino Pio imperador.
161-168 Marco Aurélio.
180-192 Cômodo imperador.
193 Pertinax imperador.
193-211 Septímio Severo imperador.
211-217 Caracala imperador.
212 É conferida cidadania romana a todos os habitantes do Império.

217-218 Macrino imperador.
218-222 Heliogábalo imperador.
222-235 Severo Alexandre imperador.
235-270 Diversos imperadores, guerras civis.
270-275 Aureliano imperador.
284-305 Diocleciano imperador.
303-311 Grande perseguição aos cristãos.
312-337 Constantino I, o Grande; conversão do imperador ao cristianismo.
360-363 Juliano, o Apóstata; restauração do paganismo.
378-395 Teodósio I imperador.
404 Ravena torna-se capital do Império Romano do Ocidente.
410 Tomada de Roma por Alarico, o Visigodo; perda de diversas províncias, como a Bretanha e a Espanha.
455 Saque de Roma por Genserico.
475-476 Rômulo Augústulo, último imperador romano do Ocidente, em Ravena.
476-493 Odoacro, rei da Itália.
801 Coroação de Carlos Magno, em 25 de dezembro, como imperador romano.

PARA SABER MAIS

Se você gostou deste livro e quer conhecer um pouco mais sobre alguns dos assuntos tratados, sugerimos alguns livros:

- *A vida cotidiana em Roma no apogeu do Império,* de Jerome Carcopino, publicado pela Companhia das Letras, fornece, numa leitura agradável, uma grande quantidade de dados interessantes sobre o dia a dia na Roma antiga.

- *O amor em Roma,* de Pierre Grimal, publicado pela Editora Martins Fontes, apresenta um interessante apanhado sobre temas como o casamento, a religião e a política e suas implicações amorosas e sentimentais.

- *Cultura popular na Antiguidade Clássica,* de Pedro Paulo Abreu Funari, publicado pela Editora Contexto, é baseado em documentos históricos, como os grafites encontrados em Pompeia, e trata de temas como o amor, as diversões e a poesia dos romanos.

- *Imperialismo greco-romano,* de Norberto Luiz Guarinello, publicado pela Editora Ática, discute questões muito interessantes e atualizadas sobre a expansão das cidades antigas, com destaque para o imperialismo romano e suas interpretações.

- *Roma e os romanos,* de Henri Bornecque e Daniel Mornet, publicado pela Editora da Universidade de São Paulo, é um guia extremamente prático para entender termos, instituições e costumes romanos.

Alguns filmes interessantes sobre Roma antiga são: Cleópatra; Espártaco; Satyricon (*de Fellini*).

BIBLIOGRAFIA

ALFOELDY, Geza. *Historia social de Roma.* Madri, Alianza, 1984.

ANDREWS, Ian. *Pompeii.* Cambridge, Cambridge University Press, 1990.

ANNEQUIN, J. et alii, orgs. *Formas de exploração do trabalho e relações sociais na Antiguidade Clássica.* Lisboa, Estampa, 1978.

APULEIO. *Metamorphoseon libri (O asno de ouro).* Berlim, Teubner, 1968.

AURIGEMMA, S. *The Baths of Diocletian and the Museo Nazionale Romano.* Roma, Istituto Poligrafico dello Stato, 1968.

BARTON, J. M., org. *Roman public building.* Exeter, University of Exeter Press, 1989.

BETTINI, M. *Anthropology and Roman culture – Kinship, time, images of soul.* Baltimore, John Hopkins University, 1991.

BIRLEY, Robin. *The Roman documents from Vindolanda.* Carvoran, Roman Army Museum Publications, 1990.

BOARDMAN, J. et alii, orgs. *The Roman world.* Oxford, Oxford University Press, 1990.

BOWMAN, A. K. & THOMAS, J. D. *Vindolanda: the Latin writing tablets.* Londres, Britannia Monograph, 1983.

CANDILIO, D. et alii. *Misurare la terra: centuriazione e coloni nel mondo romano. Città, agricoltura, commercio: materiali da Roma e dal suburbio.* Modena, Panini, 1989.

CASSIO Dio. *Roman history.* Londres, Heinemann, 1958.

CÍCERO. *De re publica* (República). Berlim, Teubner, 1967.

_____. *Pro P. Sestio (Em defesa de Séstio).* Berlim, Teubner, 1986.

COLLINWOOD, R. G. & WRIGHT, R. P. *The Roman Inscriptions of Britain* (RIB). Oxford, Oxford University Press, 1965.

CORBISHLEY, M. *Town life in Roman Britain.* Londres, Harrap, 1984.

DELLA CORTE, Matteo. *Case ed abitanti di Pompei.* Roma, L'Erma, 1954.

_____ . "Le iscrizioni graffite della Basilica delli Argentarii sul Foro di Giulio Cesare". *Bolletino della Comissione Archeologica Comunale di Roma,* LXI, 1933, p. 111-30.

ÉTIENNE, Robert. *La vida cotidiana en Pompeya.* Madri, Aquilar, 1970.

FINLEY, Moses I. *A economia antiga.* Porto, Afrontamento, 1980.

_____ . A *política no mundo antigo.* Rio de Janeiro, Zahar, 1985.

GAIO. *Institutiones* (Institutas). Berlim, Teubner, 1969.

GARDINER, J., org. *What is history today?* Londres, MacMillan, 1988.

GARNSEY, P. & SALLER, R. *The Roman Empire — Economy, society and culture.* Londres, Duckworth, 1988.

GRANT, Michael. *Gladiators.* Nova Iorque, Delacoste, 1967.

_____ . *História de Roma.* Rio de Janeiro, Civilização Brasileira, 1987.

HASSAL, Mark. "Roman inscription at Uley". *Britannia,* nº 23, p. 310-11. Londres, Society for the Promotion of Roman Studies, 1992.

HODGE, P. *The Roman army.* Londres, Longman, 1977.

IMBERT, J. et alii, orgs. *Histoire des institutions et des faits sociaux — Des origines au Xe siècle.* Paris, PUF, 1963.

JONGMAN, W. *The economy and society of Pompeii.* Amsterdam,

Gielsen, 1991.

JUSTINIANO. *The Institutes of Justinian* (Institutas). Cambridge, Cambridge University Press, 1863.

LING, Roger. *Roman painting.* Cambridge, Cambridge University Press, 1991.

LÍVIO, Tito. *História de Roma.* São Paulo, Paumapé, 1989. Tradução de Paulo Matos Peixoto.

MACKENDRICK, P. *The Roman mind at work.* Nova Iorque, Anvil, s.d.

NICOLET, Claude. *Rendre à César.* Paris, Gallimard, 1988.

PETRÔNIO. *Satyricon.* São Paulo, Brasiliense, 1985. Tradução de Paulo Leminski.

PLÍNIO, o Jovem. *Epistularum libri* (Cartas). Berlim, Teubner, 1958.

PLÍNIO, o Velho. *Naturalis historiae libri (História natural).* Berlim, Teubner, 1897.

POLÍBIO. *História.* Brasília, Ed. da UnB, 1985. Tradução de Mário Gama Kury.

ROSTOVTZEFF, Mikhail. *História de Roma.* Rio de janeiro, Zahar, 1985.

SÃO JERÔNIMO. *Selected letters* (Cartas). Londres, Heinemann, 1953.

SÊNECA. *Epistulae morales* (Cartas). Londres, Heinemann, 1967.

STACCIOLI, R. A. *Pompei — Vita pubblica di un'antica città.* Roma, Newton, 1979.

TITO LÍVIO. *Ab. urbe condita* (História de Roma). Londres, Heinemann, 1956.

TOMLIM, R. S. O. "The Twentieth Legion at Wroxeter and Carlisle in the First Century: the epigraphic evidence". *Britannia,* nº 23, p. 141-58. Londres, Society for the Promotion of Roman Studies, 1992.

VÁRIOS. *Corpus Inscriptionum Latinarum.* (CIL) Berlim, Academia de Ciências. v. IV e X. (Obra editada a partir de 1863.)

VITRÚVIO. *De architectura* (Sobre a arquitetura). Londres, Heinemann, 1966.

WHEELER, M. *Roman art and architecture.* Londres, Thames and Hudson, 1989.

O autor

Pedro Paulo Abreu Funari graduou-se em História (1981), obteve o título de mestre em Antropologia Social (1985) e de doutor em Arqueologia (1990), sempre pela Universidade de São Paulo. Publicou os livros *Arqueologia e Cultura popular na Antiguidade Clássica* e diversos artigos, no Brasil e no exterior. Pesquisou e proferiu palestras em diversas universidades brasileiras e em Londres, Southampton, Exeter e Barcelona, entre outras universidades estrangeiras. Fez trabalhos de arqueologia de campo em Roma, Pompeia, Sevilha e nos museus de Londres e Britânico. Atualmente, dirige o Projeto Arqueológico Palmares, na escavação do quilombo do século XVII, na Serra da Barriga (AL). Desde 1990 é associado de pesquisa da Universidade Estadual de Illinois, nos Estados Unidos. É professor orientador do Projeto de Implantação do Ensino de História Temática nas escolas técnicas estaduais de segundo grau do Estado de São Paulo, desde 1991. Foi professor da Unesp (1985-1992) e leciona na Unicamp desde 1992 e atua na Pós-Graduação em História dessas duas universidades.

ROMA
Vida pública e vida privada

Pedro Paulo Abreu Funari

ATUAL EDITORA

HISTÓRIA GERAL EM DOCUMENTOS

UMA PROPOSTA DE TRABALHO

Nome: ______________________________

Escola: ______________________ **Ano:** ______________

Roma: vida pública e vida privada é um livro sobre o dia a dia de uma sociedade que durou mais de mil anos e que nos influencia até hoje. Utilizando documentos escritos, ilustrações da época e restos arqueológicos, o autor procura mostrar várias visões sobre diferentes aspectos da vida em Roma no seu apogeu, dadas por diferentes historiadores. Este roteiro de estudo pode servir como um companheiro de leitura, contribuindo para a reflexão em torno de algumas das questões que o livro levanta.

PARTE I — ROMA, ESSA DESCONHECIDA

1. Você tem dos romanos, provavelmente, uma imagem tal como a apresentada nos quadrinhos de *Asterix*. Qual é essa imagem?

____

____

____

2. Os romanos, a partir do final do século I a.C., tinham imperadores ou príncipes no poder. Esses governantes não eram, no entanto, reis ou imperadores como os modernos. Apresente algumas diferenças entre um imperador romano e um monarca como, por exemplo, D. Pedro II.

____

____

____

____

3. A Constituição brasileira estabelece a idade mínima de 35 anos como condição para que se possa pleitear a presidência da República. Qual a relação dessa exigência com o mundo romano?

____

____

____

____

____

____

20. Os soldados romanos viviam em geral longe de sua cidade natal e precisavam fazer certas compras, voltadas a necessidades pessoais. Cite alguns dos itens dessas compras.

*7. **Os Cuidados do Corpo e da Alma***

21. Os romanos pobres escreviam em paredes e em tabuinhas, o que significa que a alfabetização alcançava um número de pessoas relativamente elevado. Hoje, temos ainda muitos analfabetos. Reflita sobre isso, buscando identificar as origens do analfabetismo nas diferentes sociedades.

22. As roupas de pobres e ricos eram muito diferentes, assim como hoje. O que isso significa?

*8. **O Tempo Passou e o Mundo Acabou...***

23. Carlos Magno, no século IX d.C., em plena Idade Média, foi coroado "imperador romano", e hoje ainda utilizamos o Direito Romano. Reflita sobre a nossa relação com o mundo romano e se seríamos, ou não, "herdeiros" de Roma.

16. As lutas de gladiadores podem ser entendidas como um acontecimento de caráter religioso, embora também de diversão e com função de garantir a ordem social. Enquanto acontecimento com conotação religiosa, qual foi a sua relação com o cristianismo?

5. Casa e Casamento

17. Quais eram os tipos de casamento dos romanos e qual a relação de cada um deles com as classes sociais?

18. Ricos e pobres viviam em casas completamente diferentes. Que instalações só se encontravam nas mansões?

6. Da Escola ao Exército

19. Plínio descreve como seu tio estudava. Na sua opinião, quais as diferenças entre a escola atual e o estudo tal como é descrito no documento?

4. Até há poucos anos, vivia-se sem geladeira. Os romanos da época do Império, por sua vez, tinham uma vida muito diferente da nossa. Na leitura deste livro, o que mais lhe chamou atenção como *diferença* entre o modo de vida dos romanos e o nosso?

5. Os documentos escritos que nos chegaram da Antiguidade apresentam duas grandes limitações. Quais são elas?

6. Os vestígios materiais ou arqueológicos fornecem-nos muitas informações sobre a vida na Roma antiga (restos de banheiros, pinturas, tabuinhas, etc.). Quais documentos arqueológicos interessaram mais a você? Por quê?

PARTE II — O DIA A DIA DE UM POVO

1. ***Os Homens e o Sobrenatural***

7. A religião romana era ritual, baseada no cumprimento de formalidades. Com base nos textos de Tito Lívio, descreva o ritual que se obedecia para uma declaração de guerra.

8. A magia era muito popular. De acordo com o texto em que Apuleio descreve uma bruxa, qual era a importância do ritual também nessas práticas religiosas?

9. De acordo com Políbio, a Constituição romana era baseada no equilíbrio de poderes entre três instituições. Quais eram e quais suas atribuições?

10. Com Augusto (30 a.C.-14 d.C.), inicia-se o período do Principado ou do Império Romano. Augusto dizia-se simples restaurador da República, mas Cássio Dio considerava-o o instaurador de uma monarquia. Quais os argumentos de cada um?

11. Cícero descreve diversas técnicas de propaganda eleitoral. Procure relacioná-las às empregadas nas nossas campanhas eleitorais atuais.

3. As Classes e o Trabalho

12. Em geral, quando pensamos em escravidão, logo excluímos a possibilidade de enriquecimento e de mobilidade social dos escravos (ou dos ex-escravos). A partir do texto de Petrônio sobre Trimalcião, estabeleça semelhanças e diferenças entre os escravos no Brasil e na Roma antiga.

13. Na sociedade romana havia classes, além de ordens ou estamentos. Como o documento em que Cícero fala sobre os "ótimos" permite observar a existência de classes e estamentos ao mesmo tempo?

14. Os trabalhadores tinham orgulho de suas profissões. Como isso pode ser percebido nos documentos?

4. A Cidade e as Diversões

15. As cidades eram um importante ponto de referência para os romanos. Quais eram suas características essenciais?